高等职业教育产教融合新形态精品教材

活页式

大学生创新创业实战

主　编　夏光蔚
副主编　程　怡　赵　欣　杨　剑　唐　伟
参　编　王　泉　何伶俐　刘　洋　毕　伟　丁妍文
　　　　吴　方　黄国伟　黄思雨　计四勇

北京理工大学出版社
BEIJING INSTITUTE OF TECHNOLOGY PRESS

内容简介

本书作为大学生创新创业实战活页教材，共分为12个项目，包括：组建团队、挖掘创业点子、分析市场、设计商业模式、选择组织结构、准备投入资金、防范风险、撰写商业策划书、项目路演、工商注册、参加创业大赛及项目落地实施等。

本教材的编写团队由从事就业指导与创业指导多年的高校教师、行业企业专家组成。作为一本实战教程，本教材从食品饮料、电商直播、文创产品等行业中，精心挑选了多个具有代表性的大学生创业实战案例，按"项目导读—任务描述—理论学习—工作手册—随堂练习—创业特训营—拓展知识梳理—问题与实操—考核与评价"的学习情境与步骤进行编写，帮助读者理解创业过程，切实提高创业就业技能，调动读者的创新意识，激发创业潜能。

本教材主要作为职业院校和应用型本科学校的创新创业教学教材使用，也适用于社会学习者、从事创新创业工作人员学习参考。

版权专有　侵权必究

图书在版编目（CIP）数据

大学生创新创业实战 / 夏光蔚主编. --北京：北京理工大学出版社，2024.10
ISBN 978-7-5763-4390-8

Ⅰ. G647.38

中国国家版本馆 CIP 数据核字第 2024WF8254 号

责任编辑：徐春英　　**文案编辑：徐春英**
责任校对：周瑞红　　**责任印制：施胜娟**

出版发行 / 北京理工大学出版社有限责任公司
社　　址 / 北京市丰台区四合庄路6号
邮　　编 / 100070
电　　话 / （010）68914026（教材售后服务热线）
　　　　　　（010）63726648（课件资源服务热线）
网　　址 / http://www.bitpress.com.cn

版 印 次 / 2024年10月第1版第1次印刷
印　　刷 / 河北盛世彩捷印刷有限公司
开　　本 / 787 mm×1092 mm　1/16
印　　张 / 16
字　　数 / 340 千字
定　　价 / 56.00 元

图书出现印装质量问题，请拨打售后服务热线，负责调换

前言 Preface

在新时代的浪潮中，创新创业已成为推动社会进步和经济发展的重要引擎。在党的二十大精神的指引下，我国高等教育肩负着培养具有创新精神、创业意识和创造能力的新时代人才的重要使命。《国务院办公厅关于进一步支持大学生创新创业的指导意见》中指出"大学生是大众创业万众创新的生力军，支持大学生创新创业具有重要意义。"为此，我们编写《大学生创新创业实战》旨在引导大学生深入了解创新创业的内涵与价值，掌握创新创业的基本方法和技能，调动读者的创新意识，激发创业潜能。

本书从食品饮料、电商直播、消费电子、文创产品等行业中，精心挑选了多个具有代表性的大学生创业实战案例，从强调团队的重要性开始，教授如何组建并管理一个高效的创业团队。共设有十二个项目单元，涵盖了组建团队、挖掘创业点子、分析市场、设计商业模式、选择组织结构、准备投入资金、防范风险、撰写商业策划书、项目路演、工商注册、参加创业大赛及项目落地实施等。通过实际的项目案例，帮助读者将理论知识应用于实践。

《大学生创新创业实战》是一本新型活页式教材，并具有以下特点：

1. 思创融合：每个项目设置创业名言、拓展知识、大学生参加创业大赛的实际案例等内容，将二十大精神、创新精神、进取精神、奋斗精神等有机融入书中，以提升大学生创业素养和能力，促进知识与技能、过程与方法的贯通统一。

2. 项目任务式教学：创新教学模式，以真实案例作为项目驱动，说明知识的重要性，引导学生从实践到认知再到运用知识的进阶式成长，体现出较强的项目式教学特色。

3. 学习情境任务：每个项目单元下设"项目导读—任务描述—理论学习—工作手册—随堂练习—创业特训营—拓展知识梳理—问题与实操—考核与评价"等学习情境任务，突出培养学生分析和解决问题的能力，优化创业教育教学可操作性和学生实践能力的培养，确保学生能够系统地掌握创业的每个环节。

4. 校企融合、案例教学：本书由企业和学校共同组织编写，企业深度参与典型案例收集、情景剧拍摄、商业计划书的撰写和路演等，通过多个具有代表性的大学生创业实战案例，帮助学生在实践中学习和应用理论知识，模拟真实的创业环境，鼓励学生在学习过程中组建团队，通过实际操作来加深理解。

5. 活页式装订：本书以理实一体化设计思路组织内容，每个任务设有创业实践工作手册，引导学生学中做、做中学；每个项目设有会议纪要、随堂练习、考核与评价等模块，可以作为检测灵活提取、上交作业；活页装订有利于根据社会形势等变化及时更新案例及知识内容，做到与时俱进。

6. 数字化资源：书中嵌入形式多样的二维码，学生可扫码查阅，获得慕课视频、教学课件、情境视频、拓展资源等多种数字化资源。

本书建议为 32 学时，设 2 学分，其中理论 20 学时，实践 12 学时。项目通过理论与实践结合，读者应结合书中案例和实际情况进行学习和操作，增强实践能力。

本书由湖北轻工职业技术学院夏光蔚任主编，武汉工程大学邮电与信息工程学院程怡、湖北轻工职业技术学院赵欣、仙桃职业技术学院杨剑、北京文华在线教育科技股份有限公司唐伟任副主编。湖北轻工职业技术学院王泉、何伶俐、刘洋、毕伟、丁妍文，武汉职业技术学院吴方、黄国伟、黄思雨、计四勇参加了本书的编写。各项目的编写分工如下：项目一夏光蔚、程怡，项目二程怡、吴方，项目三刘洋，项目四刘洋、杨剑，项目五毕伟，项目六王泉、黄思雨，项目七何伶俐、黄国伟，项目八赵欣、吴方，项目九王泉，项目十何伶俐，项目十一丁妍文、计四勇，项目十二赵欣、唐伟。

本书在编写过程中，邀请了多位具有丰富创新创业经验的行业专家参与编写和审稿工作，得到了北京理工大学出版社、北京文华在线教育科技股份有限公司、武汉超星数图教育科技有限公司以及有关行业技术人员的大力支持，确保了教材内容的权威性和实用性，在此一并表示诚挚的谢意。由于水平有限，本书难免有疏漏及不妥之处，敬请读者批评指正。针对全书内容选取、编排和活页式教材使用等方面有好的建议请发邮件至 114012178@qq.com。

编　者

目 录 Contents

项目一 你组建团队了吗？

- 项目导读 …………………………………………… 1
- 任务1 了解创新创业的概念 ……………………… 3
- 任务2 分析创业者的特质 ………………………… 5
- 任务3 组建你的团队 ……………………………… 8
- 随堂练习 …………………………………………… 10
- 创业特训营 ………………………………………… 11
- 拓展知识梳理 ……………………………………… 13
- 问题与实操 ………………………………………… 14
- 考核与评价 ………………………………………… 16

项目二 你有好的创业点子吗？

- 项目导读 …………………………………………… 17
- 任务1 了解创业机会的概念 ……………………… 19
- 任务2 分析创业机会的来源与类型 ……………… 21
- 任务3 掌握识别创业机会的内容 ………………… 24
- 任务4 掌握识别创业机会的方法 ………………… 27
- 任务5 掌握创业机会评估准则 …………………… 29
- 随堂练习 …………………………………………… 32
- 创业特训营 ………………………………………… 33
- 拓展知识梳理 ……………………………………… 35
- 问题与实操 ………………………………………… 38
- 考核与评价 ………………………………………… 39

项目三 你分析市场了吗？

- 项目导读 …………………………………………… 41
- 任务1 了解市场的概念 …………………………… 43
- 任务2 了解市场调研的概念 ……………………… 45
- 任务3 掌握创业市场调研的方法与流程 ………… 47
- 任务4 掌握SWOT分析法的使用方法 …………… 51
- 任务5 掌握市场细分的具体方法 ………………… 54
- 随堂练习 …………………………………………… 58
- 创业特训营 ………………………………………… 59
- 拓展知识梳理 ……………………………………… 61
- 问题与实操 ………………………………………… 63
- 考核与评价 ………………………………………… 65

项目四 你设计商业模式了吗？

项目导读	67
任务1 了解商业模式的含义、特征、类型	69
任务2 分析商业模式的重要性	73
任务3 掌握创新商业模式的方法	75
任务4 掌握商业模式画布的九大模块	77
随堂练习	80
创业特训营	81
拓展知识梳理	84
问题与实操	88
考核与评价	90

项目五 你选择好组织结构和法律形态了吗？

项目导读	91
任务1 了解组织结构的概念	93
任务2 熟悉不同的组织结构形式	96
任务3 了解组织设计的工作步骤	100
任务4 认识企业法律形态及其特点	104
任务5 选择合适的法律形态	108
随堂练习	110
创业特训营	111
拓展知识梳理	113
问题与实操	115
考核与评价	116

项目六 你准备投多少资金呢？

项目导读	117
任务1 了解创业资金来源与融资渠道	119
任务2 了解创业资金预算的相关概念	122
任务3 了解初创合伙的股权分配逻辑	125
随堂练习	128
创业特训营	129
拓展知识梳理	131
问题与实操	134
考核与评价	135

项目七 你防范风险了吗？

项目导读	137
任务1 了解创业风险的来源	139
任务2 掌握创业风险的识别方法	144
任务3 掌握风险防范的措施	147
随堂练习	153
创业特训营	154
拓展知识梳理	156
问题与实操	157
考核与评价	158

项目八 你撰写创业计划书了吗?

项目导读 ········· 159
任务1 了解创业计划书的概念和作用 ········· 161
任务2 分析创业计划书的内容和基本结构 ········· 163
任务3 掌握创业计划书的撰写技巧 ········· 166
任务4 掌握创业计划书的检测方法 ········· 168
随堂练习 ········· 170
创业特训营 ········· 171
拓展知识梳理 ········· 173
问题与实操 ········· 175
考核与评价 ········· 176

项目九 你进行项目路演了吗?

项目导读 ········· 177
任务1 了解路演的概念和类型 ········· 179
任务2 掌握路演PPT的基本内容和制作方法 ········· 182
任务3 掌握路演技巧 ········· 185
随堂练习 ········· 188
创业特训营 ········· 189
拓展知识梳理 ········· 191
问题与实操 ········· 193
考核与评价 ········· 194

项目十 你进行工商注册了吗?

项目导读 ········· 195
任务1 了解工商注册的概念和目的 ········· 197
任务2 掌握工商注册的流程 ········· 199
任务3 掌握工商注册的准备工作与后续事项 ········· 201
随堂练习 ········· 204
创业特训营 ········· 205
拓展知识梳理 ········· 207
问题与实操 ········· 209
考核与评价 ········· 215

项目十一 你参加创业大赛了吗?

项目导读 ········· 217
任务1 了解创业大赛 ········· 219
任务2 准备创业大赛 ········· 222
随堂练习 ········· 227
创业特训营 ········· 228
拓展知识梳理 ········· 230
问题与实操 ········· 231
考核与评价 ········· 232

项目十二 你的创业项目落地实施顺利吗?

项目导读 …………………………………………… 233
任务1 大学生创业的素质要求 …………………… 235
任务2 大学生创业项目的落地实施 ……………… 237
随堂练习 …………………………………………… 240
创业特训营 ………………………………………… 241
拓展知识梳理 ……………………………………… 243
问题与实操 ………………………………………… 245
考核与评价 ………………………………………… 246

参考文献

项目一

你组建团队了吗？

项目导读

湖北某高校2014届工商信息学院毕业生尹某、余某，两人都怀揣着创业梦想，却选择了截然不同的道路。尹某选择留在武汉，开始了艰难的创业之路；而余某则前往深圳，成为一名年薪30万元的程序员。在深圳工作期间，余某积累了丰富的软件开发经验，同时也对新媒体运营产生了浓厚的兴趣。他密切关注着互联网的发展趋势，并敏锐地察觉到新媒体蕴藏的巨大潜力。2019年，他毅然辞去高薪工作，回到武汉与尹某共同创业。

在创业之初，尹某负责市场与新媒体运营，余某则负责软件开发。两人优势互补，相得益彰。尹某凭借着对互联网的敏锐洞察力和对内容创作的独特理解，迅速在小红书平台上积累了一批忠实粉丝，并成功打造了多个爆款案例。余某则依托自身的技术优势，开发了一系列高效的运营工具，为公司的发展提供了强有力的技术支持。在两人的共同努力下，公司业务发展迅速，小红书粉丝数量快速增长，目前已突破200万。同时，他们积极拓展其他业务，包括视频制作、直播带货等，也取得了良好的成绩。

他们的故事告诉我们：创业是一条充满挑战的道路，需要付出巨大的努力和汗水。只有坚持不懈，勇于面对挑战，才能最终取得成功。团队合作也是创业成功的关键。志同道合的伙伴能够互相扶持，共同克服创业过程中的困难险阻。

本项目将从如何组建创业团队出发，让读者了解组建创业团队的意义，创业者应具备的基本素质，然后分析团队成员的选择原则、掌握创业团队的组建方法。

知识目标	1. 了解创新创业以及创业者应该具备的基本素质 2. 了解创业团队的重要性 3. 掌握创业者应具备的素质 4. 掌握组建团队的基本方法
能力目标	能够分析团队成员的选择原则，能够根据自身情况组建合适的创业团队
素质目标	1. 深化对创业者角色和责任的理性认识，培养团队合作精神，具备创新精神和创业意识 2. 激发创新精神和创业意识，鼓励在创新驱动发展战略下，积极投身于国家创新发展的实践中 3. 培养抗压能力和风险意识 4. 倡导终身学习的理念，鼓励不断更新知识和技能，以适应新时代的要求，为实现高质量发展贡献力量
教学重点	1. 创业者应具备的基本素质 2. 创业团队的重要性及组建方法 3. 创业过程中可能遇到的风险及应对策略
教学难点	帮助学生树立创新精神和创业意识
建议学时	3~4 学时

王兴（美团创始人、执行董事、首席执行官和董事长）：优秀的团队是不怕失败的，因为失败只是通往成功的一条小路。

任务 1　了解创新创业的概念

任务描述

吴某，20 岁，是工商学院的一名学生，专业技术不错，计划创业，但不知道该干什么，她没有创业的经历，该从哪些方面了解创业呢？

理论学习

知识点①　创新创业的概念

微课	微课	微课	微课
什么是创业	创业的意义是什么	个人的力量	什么是创业精神

1. 创新

创新，起源于拉丁语，即"更新、创造新的东西与改变"。习近平总书记在 2012 年 12 月 15 日的中央经济工作会议上的讲话中指出，"创新的实质效果是优胜劣汰、破旧立新，我们要着力构建以企业为主体、市场为导向、产学研相结合的技术创新体系，注重发挥企业家才能，加快科技创新，加强产品创新、品牌创新、产业组织创新、商业模式创新，提升有效供给，创造有效需求。"创新理论之父、哈佛大学经济学教授熊彼特提出，所谓"创新"就是"建立一种新的生产函数"，也就是说，把一种从来没有过的关于生产要素和生产条件的"新组合"引入生产体系。熊彼特所说的"创新"，包括以下 5 种情况：①引进新产品；②引用新技术，即新的生产方法；③开辟新市场；④控制原材料新供应来源；⑤实现企业的新组织。

2. 创业

创业在不同人眼中有不同的理解，狭义的创业就是创建一家新的企业，英文中常用"startup"；广义的创业是开创新的事业，创业不仅仅是注册一家公司、运用某个商业模式赚钱，而是开拓新的疆域、开创新的事业、创造新的价值。被誉为"创业教育之父"的杰弗里·蒂蒙斯（Jeffry Timmons）曾说过，创业"不仅仅意味着创办新企业、筹集资金和提供就业机会，也不只等同于创新、创造和突破，还意味着孕育人类的创新精神和改善人类的生活。"无论是注册一家新公司还是建立一个非营利组织，无论是自己投资还是通过他人融资，无论是独立运作一个项目还是在已有公司开始一个新项目，无论是研发一项新技术还是做一个新文化创意产品，这些都属于创业。哈佛大学霍华德·史蒂文森（Howard Stevenson）教授对创业的定义是：创业是不拘泥于当前资源条件的限制下对机会的追寻，组合不同的资源以利用和开发机会并创造价值的过程。从目的看，创业分为生存性创业和机会型创业；从形式上分为个体创业和公司创业；从创业初始条件上分为冒险型创业、与风险投资融合的创业、大公司的内部创业和革命性的创业；从效果上分为复制型创业、模仿型创业、安定型创业和冒险型创业。

工作手册

任务名称	知道什么是创业
团队成员	
任务实施关键点	

序号	实施步骤	实施策略
1	学习创业的故事，分析创业的价值和风险	
2	建立一个好的企业构思	
3	制定开办企业的行动计划	

工作小结

任务2 分析创业者的特质

任务描述

吴某已经了解创业的意义,那么作为创业者,她需要具备什么样的素质呢?她是否适合创业呢?

理论学习

知识点② 创业者的特质

企业经营的成败取决于创业者自己,成功的创业者需要具备经营企业的素质和能力。

(1)强烈的欲望。

"欲",实际就是一种生活目标,一种人生理想。创业者的欲望与普通人欲望的不同之处在于,他们的欲望往往需要打破他们现在的立足点,打破眼前的樊笼,才能够实现。欲望是创业的最大推动力。

(2)超乎想象的忍耐力。

创业的路上,你无法想象将付出怎样的代价,付出怎样的努力,忍受多少别人无法忍受的憋闷痛苦,这些都需要超强的忍耐力。

(3)开阔的眼界。

对于创业者来说,必须具备广博的见识、开阔的眼界,才能有效地拉近自己与成功的距离,少走弯路。

(4)善于把握趋势又通人情事理。

创业是一个在夹缝里求生存的活动,尤其处于社会转型时期,各项制度都不十分健全,创业者只有先顺应社会,才能避免在人事环节上出问题。

(5)商业敏感性。

创业者的敏感是对外界变化的敏感,尤其是对商业机会的快速反应。良好的商业感觉是创业者成功的最好保证。

(6)拓展人脉。

创业不是引"无源之水",栽"无本之木"。每一个人创业,都必然有其凭依的条件,也就是其拥有的资源。创业者资源可分为外部资源和内部资源。外部资源最重要的一点是有人脉资源,即创业者需具备构建其人际网络或社会网络的能力。创业者人脉资源按重要性来看:一是同学资源,二是专业资源,三是朋友资源。内部资源主要是创业者个人的能力,包括其所占有的生产资料及知识技能、家族资源等。

(7)谋略。

创业者的智谋在很大程度上决定其创业成败。尤其是在目前产品日益同质化、市场有限、竞争激烈的情况下，创业者不但要能够守正，更要出奇。

（8）胆量。

创业本身就是一项冒险活动，需要强大的心理承受能力。

（9）与他人分享的愿望。

作为创业者，一定要懂得与他人分享。一个不懂得与他人分享的创业者，不可能将事业做大。

（10）自我反省的能力。

反省其实是一种学习能力。创业既然是一个不断摸索的过程，创业者就难免在此过程中不断地犯错误。反省，正是认识错误、改正错误的前提。成功的创业者有一个共同之处，就是都善于学习，勇于进行自我反省。

创业需要的是综合素质，其中的大多数素质可以通过后天的努力改善。

微课
创始人应该具备哪些潜质才会更容易找到合伙人

微课
什么样的大学生适合创业

微课
创业者最基本的素质

微课
大学生适合创业吗

微课
创业对人生的意义是什么

情景剧
大学生适合创业吗

工作手册

任务名称	评估自己是否适合创业	
团队成员		
任务实施关键点		
序号	实施步骤	实施策略
1	自我评估与团队反馈	
2	制定个人发展计划	
工作小结		

任务3　组建你的团队

任务描述

吴某已经决定创业了，那么作为创业者的她，应该如何组建团队呢？

理论学习

知识点3　团队组建

创业团队关键要素有5个：定位、权限、目标、计划、人员。这5个要素的英文单词首字母都是P，因此，也被称作创业团队的5P模型或5P要素（见图1-1）。

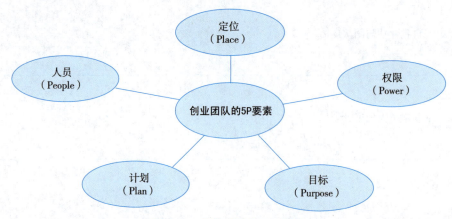

图1-1　创业团队的5P要素

一个优质的创业团队，其核心成员要与创业的能力需求具有较高的匹配度，成员之间要有互补性，每个人要分工明确，能够独当一面，要能够整合全局、通盘考虑。从成员的角色分工来看，成功团队中有9种角色。被誉为"团队角色理论之父"的英国管理专家梅雷迪思·贝尔宾（Meredith R. Belbin）在分析成功团队时发现，一个结构合理的团队应该由9种不同的角色组成。依据成员所表现出来的行为和个性特征来划分，这9种角色分别是完成者、执行者、塑造者、协调者、资源调查者、协作者、创新者、专家、监控评估者，他们分别负责行动导向（执行团队任务）、人际导向（协调内外部人际关系）、谋略导向（提出创意）三类任务。

微课	微课	微课	微课	情景剧
创业一定需要合伙人吗	选对靠谱的创业团队成员	大学生如何学到与创业有关的知识	现在国家对于大学生创业给予哪些政策支持	招兵买马，先把队伍拉起来

项目一 你组建团队了吗?

工作手册

任务名称	组建自己的团队	
团队成员		
任务实施关键点		
序号	实施步骤	实施策略
1	推选最强总经理	
2	总经理选聘各部部长	
3	商定团队名称、行动宣言及团队标识	
4	做好会议记录	
5	在工作手册上实施练习	
6	各团队成员分工进行展示	
工作小结		

随堂练习

1. 简述创业者的基本素质。

2. 简述创业者应该具备的能力。

3. 简述你最喜欢的创业者。

   主要理由：

4. 简述团队组建的原则。

创业特训营

组建自己的团队,提出自己的创业目标,填写团队成员分工及岗位职责表(见表1-1)。

表1-1　团队成员分工及岗位职责

岗位	工作内容	完成这项工作需要的技能、经验和其他要求	你有没有时间和经验做这项工作	需要的员工数

设计出你的企业组织结构图。

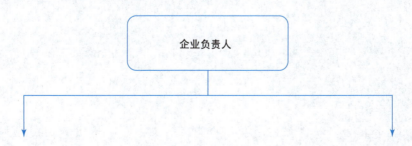

根据讨论的情况，填写会议纪要。

会议主题		会议时间	
参会人		主持人	

会议内容：

会议结论：

签名：

拓展知识梳理

1. 企业

企业是依法设立的，以营利为目的，从事商品生产和交换或提供服务活动的经济组织。

从动态角度看，一方面，企业是一个人或一个群体，以营利为目的进行商品生产、交换或提供服务活动；另一方面，企业既要从供应商（市场）处采购商品（产品或服务），又要向顾客（市场）出售其商品（产品或服务），并实行自主经营，自负盈亏，独立核算。同时，企业还要不断与供应商和顾客进行信息沟通，采购到更符合顾客需求的商品（产品或服务）。企业在经营循环过程中形成了以下三股流（见图1-2）。

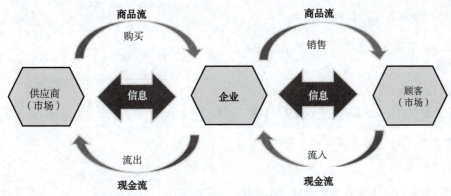

图1-2 企业经营循环过程中形成的三股流

（1）商品流。指从市场购买商品（设备、原材料、成品等），并向市场销售商品（产品或服务）的商品活动流。

（2）现金流。指资金流出（购买原材料、支付工资、其他费用等）和资金流入（销售商品或提供服务的收入等）的资金活动流。

（3）信息流。指企业与顾客、供应商之间信息多向传递及反馈所形成的信息活动流。

2. 提升创业能力

很多创业成功的人，初次创业时并不具备创业需要的所有素质和能力，但素质可以培养，技术可以学习，能力可以提高，条件可以改善。因此，创业者应当想办法克服自己的弱点，将其转变为优点。

如果技能是弱项，请参加技能培训，或者找到有技能的合作伙伴。

如果企业管理是弱项，请参加相关主题的短期培训，或阅读企业管理相关书籍。

如果行业知识是弱项，请咨询有经验的合作伙伴或者行业相关人士。

问题与实操

练习 1　你具备创业者的基本特征吗？

填表说明：请阅读表 1–2 中的创业者具备的素质和能力，然后进行评估（在括号中画"√"，再统计数量），最后数一数你有多少优点和多少弱点。

表 1–2　创业者具备的素质和能力评估

创业者具备的素质和能力	自我评估		同学或老师的评估意见	
	优点	弱点	优点	弱点
承诺：要想创业成功，你要对事业有所承诺，要全身心地投入，有坚持经营的打算	（　）	（　）	（　）	（　）
欲望：如果你真心想做一名成功的创业者，那么你就成功了一半	（　）	（　）	（　）	（　）
风险：创业者必须具有冒险精神，必须敢于承担创业过程中出现的合理、难以避免的风险	（　）	（　）	（　）	（　）
健康：创业是一项十分艰难的工作，创业者要具备良好的身体素质	（　）	（　）	（　）	（　）
诚信：如果创业者做事不重信誉，对顾客、团队成员不诚信，将有损信誉，对创业产生负面影响	（　）	（　）	（　）	（　）
决策：在创业过程中必须做出许多决策，要有果断决策的魄力和勇气	（　）	（　）	（　）	（　）
技能：在创业过程中需要生产产品或提供服务所需要的专项技能	（　）	（　）	（　）	（　）
敏锐的商业嗅觉：创业者对商业机会要做出快速反应	（　）	（　）	（　）	（　）
拓展资源：创业者要有建立和拓展资源的能力	（　）	（　）	（　）	（　）
经营能力：创业者需要的综合能力，比如创业过程中的成本核算能力、人员管理能力等	（　）	（　）	（　）	（　）
自我反省的能力：创业者要勇于自我反省，创业过程难免不断犯错，创业者应及时改正所犯的错误，不断学习新的东西	（　）	（　）	（　）	（　）

练习2　增强创业能力的计划

填表说明：请在表1-3左边一栏列出你认为自己在创业素质和能力方面的弱点，在右边一栏说明你克服这些弱点的计划。请根据自己实际情况填写。

表1-3　你的创业素质和能力弱点及克服计划

序号	弱点	计划
1		
2		
3		
4		
5		
6		

考核与评价

姓名		班级		得分
自我评价 （30分）	自我反思（总结本次任务的完成情况，掌握了哪些知识和技能，锻炼了哪些能力，收获了什么，自己的不足之处以及怎么提升等）			
同学评价 （30分）	团队互评（主要指在团队中的表现情况）			
教师评价 （40分）				
总分（100分）				

项目二

你有好的创业点子吗？

▍项目导读▍

  湖北某高校2010届信息工程学院毕业生张某，怀揣着创业梦想，在毕业后开始他的创业之路。然而，创业之路并非一帆风顺，寻找创业目标的过程充满了迷茫和挑战。

  毕业初期，张某尝试过多个创业方向，但都因为缺乏经验和市场调研不足而以失败告终。一次偶然的机会，他接触到了精酿啤酒，并被其独特的口感和丰富的文化内涵所吸引。经过深入的市场调查和分析，他察觉到精酿啤酒在中国市场蕴藏着巨大的潜力。

  近几年夏天，小龙虾都会成为武汉的"网红美食"。张某敏锐地捕捉到了这一商机，他创办了"优某劳"精酿啤酒品牌，并推出了多款与小龙虾搭配的精酿啤酒，受到消费者的热烈欢迎。

  近年来，张某不断创新，推出多种新口味的精酿啤酒，并积极参加各种啤酒节和美食节，将"优某劳"精酿啤酒推向更广阔的市场。张某的故事告诉我们，创业需要明确的目标和方向，只有找到适合自己的赛道，才能取得成功。创业也要善于抓住市场机遇，积极创新，才能在竞争激烈的市场中立于不败之地。

  本项目将从创业机会的概念出发，让读者掌握创业机会的来源与类型，学会如何鉴别创业机会的好坏，学习如何构思适合自己的创业项目，并掌握如何评估创业机会的准则。

知识目标	1. 理解创业机会的概念 2. 了解创业机会的来源与类型 3. 熟知发现创业机会的方法 4. 了解构思创业项目的基本原则 5. 掌握创业机会评估准则
能力目标	拥有创业机会识别能力，能够构思创业点子，熟练掌握创业机会评估技能
素质目标	1. 培养对国家发展大局的深刻理解，激发发现创业机会的能力，特别是在国家支持的创新驱动发展战略和新兴产业中寻找机遇 2. 具备评估创业机会的能力 3. 提升构思创业项目的能力，鼓励结合国家战略需求，推动创业项目与国家发展目标相契合
教学重点	1. 创业机会的概念、来源与类型 2. 发现创业机会的方法 3. 创业机会评估准则与构思创业项目的基本原则
教学难点	对所发现的创业机会进行评估，并提出改进建议
建议学时	6~8学时

刘强东（京东集团董事局主席）：从创业开始，必须要清楚你的客户群体，要进行用户画像，不要妄想能够面向所有人。如果你的用户群有一个亿，足够了。不是你的客户，不要在乎他说什么，你的产品也不要为他改变。

任务1　了解创业机会的概念

任务描述

张某，作为工商管理学院的一名学生和积极的社会参与者，深受党的二十大报告中提出的创新发展理念的启发。在校期间，他不仅担任学生干部，还积极参与志愿服务工作，投身于各类创业赛事服务活动。他深受创业成功案例的鼓舞，尤其是那些与国家发展紧密结合、响应时代号召的创业故事。张某渴望寻找并实践一个能够体现时代精神、服务社会需求的创业项目，以此来贡献自己的力量。他如何把握创业机会，在新时代背景下找到合适的创业路径呢？

理论学习

知识点1　创业机会的概念

1. 商业机会

商业机会也称市场机会，是指能为企业获得某种盈利的、对消费者具有极大吸引力的、市场上所存在的尚未被满足或尚未被完全满足的需求。在这种概念下，迄今为止，国内外的经济理论界已经对其进行了相当深入的研究，并且把这种因需求而存在的机会划分为环境与企业、潜在与现实、行业与边缘、当前与未来和全局与局部等多种类型，在如何寻找、识别和评价商业机会方面也给出了一些相应的办法。

2. 创业机会

创业机会主要是指具有较强吸引力、具有一定的持久性、有利于创业的商业机会。通过这些机会，创业者可以为客户提供有价值的产品或服务，同时也能让自己受益。

机会是创业的核心要素，创业离不开机会。然而，并不是所有的想法和创意都能成为创业机会，不同创业机会的价值也不同。由于创业者自身的知识和特质的不同，对机会的认识也存在差异，同样的机会若由不同的创业者开发，其效果也可能截然不同。

创业的过程就是识别和开发创业机会的过程。

微课　　　　　微课　　　　　微课

大学生创业者的　　哪些创业机会　　创业机会评价
核心竞争力　　　　适合大学生

工作手册

任务名称	分析讨论什么是创业机会	
团队成员		
任务实施关键点		

序号	实施步骤	实施策略
1	理解创业机会的概念	
2	机会搜寻，观察自己的周围，寻找可能的市场缺口或闲置的资源或不满意的地方	

工作小结

任务 2 分析创业机会的来源与类型

任务描述

张某已经发现了自己的创业机会,那么如何分析创业机会的来源与类型呢?

理论学习

知识点② 创业机会的来源与类型

对于创业者来说,迈出创业的第一步就是厘清创业机会的来源。创业机会的来源主要有五种,即发明创造、解决问题、环境变化、市场竞争和新技术产生。

1. 发明创造

发明创造是运用现有的科学知识和科学技术,首创出先进、新颖、独特的具有社会意义的事物及方法,能够有效地解决某一实际需要。发明创造提供了新产品、新服务,更好地满足了顾客需求,同时也带来了创业机会。需要说明的是,发明创造不等于创业机会,但创业机会可以来源于发明创造。

挖掘发明创造中的创业机会,除了可以采用直接开发的模式,还可以采用融资模式,以及许可、参股、入股模式等。即使你没有发明新的东西,也可以称为销售和推广新产品的人,从这些新产品中找到商机。

此外,大学生可以充分利用技术上的优势创造发明并申请各项专利,从新技术和知识产权中寻找创业机会。

2. 解决问题

满足顾客的需求是创业的主要目的,而顾客需求在没有满足前就是问题。在生活和工作中存在着各种各样未被解决的问题,寻找创业机会的一个重要途径就是善于去发现和体会自己及他人在需求方面的问题或生活中的痛点。

很多成功的创业者正是通过对生活中存在的问题的思考而开始产生了商业思路,进而开始创业的。

3. 环境变化

创业的机会大多产生于不断变化的市场环境中,不断变化的市场环境带来的市场结构和需求也在发生变化。这种变化主要来自产业结构变动、消费结构升级、城市化加速、人口结构和需求的变化、政府政策的变化等。例如,随着国民购买家用轿车需求的猛增,在"双碳"(碳达峰和碳中和的简称)背景下,则派生出新能源汽车配件生产、智能检测与维修、充电桩等创业机会。

4. 市场竞争

市场竞争的方式多种多样，如产品质量竞争、广告营销竞争、价格竞争、产品式样和花色品种竞争等，这就是通常所说的市场竞争策略。

如果你能弥补竞争对手的缺陷和不足，这也将成为你的创业机会。和竞争对手相比，如果自身企业能比他们更快、更可靠、更便宜地提供产品或服务，也就找到了创业机会。

需要注意的是，竞争优势都是阶段性的，也是需要不断更新的。在创业过程中，还要学会保护自己的竞争优势，有策略地提高进入门槛。

5. 新技术产生

科学技术的发展推动了新技术的产生，从而创造了新的市场需求，带来了新的创业机会。例如，当今信息化时代，互联网技术正在深刻地影响着消费者和企业，企业也在考虑如何充分利用移动互联网向顾客提供产品或服务。

创业机会按照来源可以分为问题型、趋势型和组合型。问题型机会是指现实中存在的未解决的问题带来的一类机会。趋势型机会是在变化中看到未来的发展方向，预测到未来市场潜力的一类机会。组合型机会是将现有的两项或两项以上的技术、产品、服务等因素组合起来。

知识点③ 5WHY 分析法

5WHY 分析法可以用来评估创业机会，帮助创业者深入理解市场需求、产品或服务的可行性以及潜在的商业风险。将 5WHY 分析法应用于创业机会评估有以下步骤：

（1）识别机会：首先明确你认为的创业机会是什么，可能是一个市场需求、一个创新的产品或服务，或者是一个特定的市场缺口。

（2）第一次问为什么：询问为什么存在这个机会。这可能涉及市场需求、技术进步、消费者行为变化等因素。

（3）第二次问为什么：针对第一次回答的原因，进一步询问为什么这些因素会导致这个机会的出现。例如，如果市场需求是由于技术进步，那么为什么这项技术进步会创造需求？

（4）第三次问为什么：继续深入，探讨为什么这些更深层次的因素会存在。例如，如果消费者行为变化是由于生活方式的改变，那么为什么这种生活方式会改变？

（5）第四次问为什么：进一步挖掘，了解为什么这些生活方式或社会趋势会发生变化。这可能涉及经济、文化、环境等多个层面。

（6）第五次问为什么：最后一次深入，探究这些更广泛因素背后的原因。这可能是社会价值观的转变、全球经济形势的变化等。

通过这一系列的提问，创业者可以验证市场需求，确保创业机会是基于真实的、持久的市场需求，而不仅仅是一时的流行或短期趋势。5WHY 分析法不仅可以帮助创业者从不同角度审视创业机会，还可以促进团队成员之间的沟通和思考，共同构建一个坚实的商业计划。

工作手册

任务名称	创业机会分析	
团队成员		
任务实施关键点		
序号	实施步骤	实施策略
1	分析自身的创业机会的来源和类型	

工作小结

任务3　掌握识别创业机会的内容

任务描述

接下来，张某选择了五个可以创业的方向，那么如何进行甄别哪个是好的创业机会，好的创业机会需要具备什么样的条件呢？下面从创业机会识别的内容上进行分析。

理论学习

知识点④　创业机会识别的内容

对某个创业机会进行识别，通常需要对以下内容做出分析：

1. 创业机会的原始市场规模

创业机会的原始市场规模是指创业机会形成之初的市场规模。原始市场规模决定了创业企业在创业初期可能销售的规模，也决定了利润的多少。因此，分析创业机会的原始市场规模十分重要。一般而言，原始市场规模越大越好，因为创业企业只要占有极小的市场份额就会拥有较大的销售规模，创业企业就能够生存下去。

2. 创业机会存在的时间跨度

任何创业机会都有时限，超过这个时限，创业机会将不复存在。不同行业的创业机会存在的时间跨度是不一样的，同一行业不同时期的创业机会存在的时间跨度也不一样。时间跨度越长，创业企业用于抓住机会、调整自身发展方向的时间就越长。相反，时间跨度越短，创业企业抓住机会的可能性就越小。

3. 创业机会的市场规模及其增长速度

一般情况下，创业机会的市场规模越大，相应地，创业企业的销售量增长速度就越快。创业机会带来的市场规模总是随时间变化而变化的，随之带来的风险和利润也会随时间变化而变化。

4. 创业机会的优劣判断

即使创业机会有较大的原始市场规模，存在较大的时间跨度，市场规模也随着时间以较高的速度增长，创业者也要对该机会做进一步的评估，看它是否是好的机会。

杰弗里·蒂蒙斯认为好的创业机会有四个条件：一是它很能吸引顾客；二是它能在商业环境中行得通；三是它必须在机会之窗存在期间被实施；四是创业者必须拥有利用该创业机会所需的资源（人、财、物、信息、时间）和技能。

5. 创业机会对创业者而言是否有可实现性

即使创业者具备上述四个条件，也要求该创业机会对创业者而言是可实现的，否则对创业者来说，这个创业机会便只是可望而不可即。创业者是否能利用创业机会要看创业者是否具备以下条件：①拥有利用该创业机会所需要的关键资源；②能够创造新市场并占领大部分新市场；③遇到较大的竞争力量时，能与之对抗；④可以承担创业机会带来的风险等。

微课
好产品自己会说话

微课
如何找到用户的痛点，变成产品的卖点

微课
创业者执行力提升方法

微课
如何选择创业项目

工作手册

任务名称	掌握识别创业机会的内容	
团队成员		
任务实施关键点		
序号	实施步骤	实施策略
1	小组对创业机会进行机会识别	
2	各团队成员分工进行展示	
工作小结		

任务4 掌握识别创业机会的方法

任务描述

接下来,张某从识别创业机会的方法上进行学习。

理论学习

知识点⑤ 创业机会识别的方法

1. 市场调查

从企业的宏观环境和微观环境的变化中发现机会。借助市场调研,从环境变化中发现机会,这是发现机会的一般规律。

2. 问题分析

从一开始就要找出个人或组织的需求和他们面临的问题,这些需求和问题可能很明确,也可能很含蓄。一个有效的解决方法对创业者来说是识别机会的基础。这个分析需要全面了解顾客的需求,以及可能用来满足这些需求的手段。

一个新的机会可能会由顾客识别出来。因为他们知道自己究竟需要什么,由此顾客就会为创业者提供机会。顾客的建议多种多样,最简单的,他们会提出一些诸如"如果那样的话不是会很棒吗?"这样的非正式的建议,留意这些,有助于你发现创业机会。

3. 创新创造

这种方法在新技术行业中最为常见,它可能始于明确已满足的市场需求,从而积极探索相应的新技术和新知识,也可能始于一项新技术发明,进而积极探索新技术的商业价值。

通过创造获得机会比其他任何方式的难度都大,风险也更高。同时,如果能够成功,其回报也更大。这种情况下所产生的创新在具有重大影响的创新中,居于压倒性的主导地位。

微课

有哪些适合校园线下的创业渠道值得创业

微课

没有竞争对手的项目是好项目吗

情景剧

想想我们能干什么

工作手册

任务名称	掌握识别创业机会的方法	
团队成员		
任务实施关键点		

序号	实施步骤	实施策略
1	使用三种方法对创业机会进行识别	
2	做好会议记录	

工作小结

任务 5　掌握创业机会评估准则

任务描述

最后，张某要对最终选择的创业机会进行评估，确定这个创业机会的成功率最高。

理论学习

知识点⑥　创业机会评估准则

创业本身是一种"高风险"行为。有数据指出，新创企业获得成功的概率不到1%。如果创业者事先能以比较客观的方式对创业机会进行评估，那么许多创业失败的结局可能就不会发生。针对创业机会的效益面，提出以下一套评估标准，以供大家做创业决策参考。

1. 合理的税后净利润

一般而言，具有吸引力的创业机会至少要能够创造 15% 的税后净利润。如果创业预期净利润在 5% 以下，那么这可能不是一个好的创业机会。

2. 达到损益平衡所需的时间

合理的损益平衡时间应该能在 2 年以内达到，但如果 3 年还达不到，恐怕就不是一个值得投入的创业机会。不过有的创业机会确实需要比较长的时间的耕耘，通过这些前期投入，创造进入障碍，保证后期的持续获利。在这种情况下，只有将前期投入视为一种投资，才能容忍较长的损益平衡时间。

3. 投资回报率

考虑到创业可能面临的各项风险，合理的投资回报率应该在 25% 以上。一般而言，15% 以下的投资回报率是不值得考虑的。

4. 资金需求

资金需求量较低的创业机会，一般会受到投资者的欢迎。通常，知识越密集的创业机会，对资金的需求量越低，投资回报反而会越高。因此，在创业开始的时候，创业者不需要募集太多资金，最好通过盈余积累的方式来积累资金。

5. 毛利率

毛利率高的创业机会，相对风险较低，也比较容易取得损益平衡。反之，毛利率低的创业机会，风险则较高，遇到决策失误或市场产生较大变化的时候，企业很容易遭受损失。一般而言，理想的毛利率是40%；当毛利率低于20%的时候，这个创业机会就不值得再考虑了。

6. 退出机制与策略

投资的目的在于回收，因此退出机制与策略就成为一项评估创业机会的重要指标。因为退出的难度普遍要高于进入，所以一个具有吸引力的创业机会要为所有投资者考虑退出机制，以及退出的策略规划。

情景剧

这个生意有前途吗

微课

如果 BAT 要做你们的项目怎么办

工作手册

任务名称	评估创业机会	
团队成员		
任务实施关键点		
序号	实施步骤	实施策略
1	对创业机会进行评估	
2	做好会议记录	
3	各团队成员分工进行展示	

工作小结

随堂练习

1. 什么是创业机会?

2. 为什么有的人能发现创业机会?

3. 结合你的专业,谈谈你最喜欢的与专业融合的创业机会案例。

   主要理由:

4. 创业机会识别的原则是什么?

项目二　你有好的创业点子吗?

# 创 业 特 训 营

请填写创业机会画布分析表（见表2-1）。

表 2-1　创业机会画布分析

序号	市场痛点	真假痛点鉴别（Why）	我们可以如何做
1		①成员1 ②成员2 ③成员3	
2		①成员1 ②成员2 ③成员3	
3		①成员1 ②成员2 ③成员3	
4		①成员1 ②成员2 ③成员3	
5		①成员1 ②成员2 ③成员3	

根据讨论的情况，填写会议纪要。

会议主题		会议时间	
参会人		主持人	
会议内容：			

会议结论：

签名：

拓展知识梳理

1. 蒂蒙斯创业机会识别模型

著名创业学家蒂蒙斯总结概括了一个评价识别创业机会的框架体系,其中涉及8大类53项指标。通过量化的方式,创业者可以利用这个模型对行业和市场等做出判断,以此来评价一个创业企业的投资价值和机会。蒂蒙斯创业机会识别模型详见表2-2。

表2-2 蒂蒙斯创业机会识别模型

类别	市场表现评价指标
行业和市场	1. 市场容易识别,可以带来持续收入 2. 顾客可以接受产品或服务,愿意为此付费 3. 产品的附加价值高 4. 产品对市场的影响力高 5. 将要开发的产品生命长久 6. 项目所在的行业是新兴行业,竞争不断完善 7. 市场规模大,销售潜力达到1000万到10亿美元 8. 市场成长率在30%~50%,甚至更高 9. 现有厂商的生产能力几乎完全饱和 10. 在5年内能占据市场的领导地位,市场占有率达到20%以上 11. 拥有低成本的供货商,具有成本优势
经济因素	1. 达到盈亏平衡点所需要的时间在1.5~2年以下 2. 盈亏平衡点不会逐渐提高 3. 投资回报率在25%以上 4. 项目对资金的要求不是很高,能够获得融资 5. 销售额的年增长率高于15% 6. 有良好的现金流量,能占到销售额的20%~30% 7. 能获得持久的毛利,毛利率要达到40%以上 8. 能获得持久的税后利润,税后利润率要超过10% 9. 资金集中程度低 10. 运营资金不多,需求量是逐渐增加的 11. 研究开发工作对资金的要求不高
收获条件	1. 项目带来的附加价值具有较高的战略意义 2. 存在现有的或可预料的退出方式 3. 资本市场环境有利,可以实现资本的流动

续表

类别	市场表现评价指标
竞争优势	1. 固定成本和可变成本低 2. 对成本、价格和销售的控制较高 3. 已经获得或可以获得对专利所有权的保护 4. 竞争对手尚未觉醒，竞争较弱 5. 拥有专利或具有某种独占性 6. 拥有良好的网络关系，容易获得合同 7. 拥有杰出的关键人员和管理团队
管理团队	1. 创业者团队是一个优秀管理者团队 2. 行业和技术经验达到了本行业内的较高水平 3. 管理团队的正直廉洁程度能达到较高水准 4. 管理团队知道自己缺乏哪方面的知识
致命缺陷	不存在任何致命缺陷问题
个人标准	1. 个人目标与创业活动相符合 2. 创业家可以做到在有限的风险下实现成功 3. 创业家能接受薪水减少等损失 4. 创业家渴望进行创业这种生活方式，而不只是为了赚大钱 5. 创业家可以承受适当的风险 6. 创业家在压力下状态依然良好
理想与现实的战略差异	1. 理想与现实情况相吻合 2. 管理团队已经是非常优秀的 3. 在客户服务管理方面有很好的服务理念 4. 所创办的事业顺应时代潮流 5. 所采取的技术具有突破性，不存在许多替代品或竞争对手 6. 具备灵活的适应能力，能快速地进行取舍 7. 始终在寻找新的机会 8. 定价与市场领先者几乎持平 9. 能够获得销售渠道，或已经拥有现成的网络 10. 能够允许失败

2. 标准打分矩阵法

在运用标准打分矩阵法时，要先选择对创业机会成功有重要影响的因素，并由专家小组对每个因素进行非常好（3分）、好（2分）、一般（1分）三个等级的打分，然后求出每个因素在各个创业机会下的加权平均分，从而对不同的创业机会进行比较。表2-3中列出了其中10项主要的评价标准，在实际使用时可以根据具体情况选择其中的全部或部分因素进行评估。

表 2-3 标准打分矩阵法评价标准

评估指标	专家评分			加权平均分
	非常好（3分）	好（2分）	一般（1分）	
易操作性				
质量和易维护性				
市场接受性				
增加资本能力				
投资回报				
专利权状况				
市场大小				
制造的简单性				
口碑传播力				
成长潜力				

3. 创业机会方向

（1）抖音带货。抖音是一款短视频应用，近年来其带货功能逐渐崛起。一些创业者利用抖音平台吸引大量粉丝，然后通过推荐产品或服务来赚钱。

（2）共享经济。共享经济是指通过共享资源来获得收益。例如，一些创业者通过租用他人房屋或车辆来提供住宿或运输服务，这种模式可以减少浪费，同时为消费者提供更便宜的解决方案。

（3）在线教育。随着互联网的普及，在线教育市场逐渐崛起。一些创业者利用互联网技术提供在线课程和教育服务，为学生提供更方便的学习方式。

（4）健康食品。随着人们健康意识的提高，健康食品市场逐渐崛起。一些创业者提供有机、天然、无添加的食品，为消费者提供更健康的选择。

（5）社交媒体。社交媒体是一个广泛的市场，为创业者提供了许多机会。例如，一些创业者通过创建特定的社交媒体平台来吸引用户，然后通过收取广告或会员费用来赚钱。

问题与实操

练习 如何从简单创意中寻找创业点子?

填表说明:请根据自己的设想,尝试设计或改进一款产品或服务,并完成产品或服务的设计、改进信息。填写表2-4。

表2-4 简单的创意及对初步创意的思考

		记录信息			
简单的创意	你尝试设计或改进的产品或服务名称				
	市场上已有的产品	优点:		缺点:	
	你尝试设计的产品	优点:		缺点:	
对初步创意的思考	1. 这个创意是与你的专业相关的吗	是( ) 不是( ) 也许( )			
	2. 这个创意是为了满足需求,还是为了解决问题	是( ) 不是( ) 也许( )			
	3. 这个创意有竞争对手吗	有( ) 没有( ) 也许( )			
	4. 我们能否为这个创意增加点其他价值,以确保比竞争对手做的更好	是( ) 不是( ) 也许( )			
	5. 你是否拥有所需的资源	有( ) 没有( )			
	6. 你如何寻求资金来源				
	7. 你的成本是什么				
	8. 这个创意有什么挑战				
	9. 这个创意有利可图吗				
	10. 这个创意的风险因素是否可以接受				
	11. 你是否完成了一些其他的研究				
	12. 解释一下你的产品或服务产生的过程				

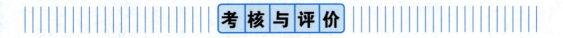

考核与评价

姓名		班级		得分
自我评价 (30 分)	自我反思（总结本次任务的完成情况，掌握了哪些知识和技能，锻炼了哪些能力，收获了什么，自己的不足之处以及怎么提升等）			
同学评价 (30 分)	团队互评（主要指在团队中的表现情况）			
教师评价 (40 分)				
总分 (100 分)				

项目三

你分析市场了吗？

项目导读

作为一名市场营销专业的学生，宋同学在校期间参与了一次针对大学生群体的市场研究项目。项目的目标是为一家电商平台数码产品制定市场推广策略。

宋同学通过深入研究市场环境，发现以下特点：①随着科技行业发展，电子商务已成为现代消费的重要组成部分，大学生主要通过网络的渠道获取相关产品信息。②大学生对数码产品有浓厚的兴趣，喜好利用率高、实用性强的产品。③大学生对产品价格敏感，打折促销对他们具有吸引力，存在消费观薄弱等特点。

这学期开了市场调研这门课程，正好学以致用。宋同学通过问卷调查与访谈，总结出目标客户——大学生具有以下特征：①有一定经济基础的大学生，他们愿意为优质的数码产品付费。②大部分大学生的经济来源有限，主要依赖于家庭支持、奖学金或兼职收入。③根据调查数据，分析大学生在数码产品上的消费预算分布情况，确定产品定价区间。

接下来根据目标客户制定以下市场营销策略：

（1）价格策略。合理定价，并提供学生优惠，吸引大学生消费者。

（2）推广策略。电商平台通过限时折扣、优惠券、团购等手段吸引大学生消费者。利用社交媒体、视频网站等渠道进行广告宣传，提高品牌知名度。

（3）合作推广。利用校园合作，定期举办新品体验会，增加品牌曝光度。

通过这次市场研究项目，宋同学深刻认识到分析市场的重要性，为未来的职业生涯夯实了基础。

本项目将以市场和市场调研的概念为切入点，使读者初步了解市场情况，并掌握市场分析的主要工具 SWOT 分析法。通过学习对市场的了解和分析方法，最终目标是帮助读者完成一份合格且有价值的市场需求调研报告，在实际运营中能够更好地适应并满足不断变化的市场环境。

知识目标	1. 了解创业市场调研的方法与流程 2. 掌握市场分析的主要工具 3. 掌握市场细分的具体方法 4. 运用多种市场定位策略 5. 熟知市场营销的具体策略
能力目标	能够使用合适的方法与工具开展市场调研与分析，通过市场细分对创业项目进行合理的市场定位，制定营销策略
素质目标	培养新媒体思维和敏锐的市场洞察能力，增强市场分析素养，具有实事求是、规划全局的意识
建议学时	3~4 学时

俞敏洪（新东方创始人）：把企业痛点和客户痛点合在一起，才有可能把生意做好。

任务 1　了解市场的概念

任务描述

小妮，20 岁，是信息工程学院软件开发与应用专业的一名学生，有一定专业技术基础，新生进校时，参加了一期"创业大讲堂"活动，心中埋下了创业的种子。小妮以自己为例，想了想自己现阶段是哪些产品的市场成员？是哪些产品的潜在市场成员？

理论学习

知识点 ① 市场的概念

市场是各方参与交换的多种系统、机构、程序、法律强化和基础设施之一。狭义上的市场是买卖双方进行商品交换的场所。广义上的市场是指为了买和卖某些商品而与其他厂商和个人相联系的一群厂商和个人。市场的规模即市场的大小，是购买者的人数。根据杰罗姆·麦卡锡《基础营销学》的定义："市场是指一群具有相同需求的潜在顾客，他们愿意以某种有价值的东西来换取卖主所提供的商品或服务，这样的商品或服务是满足需求的方式。"

市场是商品交换顺利进行的条件，是商品流通领域一切商品交换活动的总和。市场体系是由各类专业市场，如商品服务市场、金融市场、劳务市场、技术市场、信息市场、房地产市场、文化市场、旅游市场等组成的完整体系。在市场体系中的各专业市场均有其特殊功能，它们互相依存、相互制约，共同作用于社会经济。

市场起源于古时人类对于固定时段或地点进行交易的场所的称呼，当城市成长并且繁荣起来后，住在城市邻近区域的农夫、工匠、技工们就会开始互相交易并且对城市的经济产生贡献。显而易见的，最好的交易方式就是在城市中有一个集中的地方，像市场，可以让人们在此提供货物以及买卖服务，方便人们寻找货物及接洽生意。当一个城市的市场变得庞大而且更开放时，城市的经济活力也相对会增长起来。随着社会交往的网络虚拟化，市场不一定是真实的场所和地点，当今许多买卖都是通过互联网络来实现的，中国最大的电子商务网站淘宝网就是提供交换的虚拟市场。

市场是指某种商品现实购买者与潜在购买者（可能的购买者、有潜在购买需求的人和组织）需求的总和。它由三个要素构成：人口、购买力、购买欲望。

（1）人口，是指人口数量的多少。人口的多少决定着市场容量的大小，人口的结构影响着市场需求的内容与结构。

（2）购买力，是消费者支付货币购买商品或劳务的能力。在人口既定的条件下，购买力就成为市场容量的重要因素之一。市场的大小，直接取决于购买力的大小。

（3）购买欲望，是指消费者购买商品或劳务的愿望、要求和动机。购买欲望是把消费者潜在的购买力转变为现实购买力的重要条件。

工作手册

任务名称	分析了解市场	
团队成员		
市场细分领域		
任务实施关键点		
序号	实施步骤	实施策略
1	谁将成为你们小组的顾客	
2	他们有什么特点	
3	你们将用什么方法让他们成为高活跃度顾客	
4	做好会议记录	
5	在工作手册上实施练习	
6	各团队成员分工进行展示	

工作小结

任务 2　了解市场调研的概念

任务描述

小妮没有创业的经历，也没有参与过任何商业性活动，大三时，她想组建团队开发一套校园平台软件，作为创业者的她应从哪些方面了解创业市场调研的方法和流程？

理论学习

知识点② 市场调研的概念

市场调研是指运用科学方法，有目的地收集、记录、整理和分析市场的信息资料，从而认识市场发展变化的现状与趋势，为营销策划和营销决策提供科学的事实和理论依据。市场调研包括市场调查与调查研究两部分。

1. 市场调查

市场调查是指利用某种调查方式和方法，系统地收集有关市场、商品、顾客行为、销售等方面数据与资料并加以整理，以便通过这些数据与资料如实反映市场营销背景客观情况的活动。

2. 调查研究

调查研究是指根据调查所得的数据与资料，经过"去伪存真、由此及彼、由表及里"的分析与研究，解释和发现市场营销背景中的机会与威胁，从而得到合乎客观事物发展规律的知识，使市场营销决策能够趋利避害，实现企业营销目标的活动。

没有调查研究就没有发言权。创业市场调研是市场活动的起点，它始于创业企业投入生产和提供服务之前。正如美国市场营销学家菲利普·科特勒教授所说"真正的市场营销人员所采取的第一步骤，总是要进行市场营销调研。"

如何做好创业市场调研

创业公司市场调查

工作手册

任务名称	了解市场调研	
团队成员		
任务实施关键点		
序号	实施步骤	实施策略
1	确定市场调研项目	
2	市场调研主要包括哪几个方面内容	
3	做好会议记录	
4	在工作手册上实施练习	
5	各团队成员分工进行展示	
工作小结		

任务3 掌握创业市场调研的方法与流程

任务描述

小妮清楚市场调研是一个系统的工程,那么方法是否得当,会直接影响到调研的整体质量,调研方法有哪些呢?

理论学习

知识点③ 创业市场调研的方法与流程

微课

如何做竞争优势分析

一、创业市场调查的方法

1. 访问法

访问法是用来收集原始资料的基本手段。根据调查访问的形式不同有以下四种类型。

(1) 人员访问法。

人员访问法也称面谈调查法,需要调查者直接与被调查者交谈与沟通。要求调查人员做到以下几点才能获得较好的成效:

- 熟悉调查的问题,明确问题的核心、重点和实质。
- 事先设计好问卷或调查提纲。
- 掌握人际沟通的技巧和方法,最好安排交谈预演。

(2) 电话访问。

此类调查要求调查组织者做好以下几点:

- 设计电话问卷调查表。注意其中需要受到通话时间、记忆规律等的约束。
- 挑选和培训调查执行人员。
- 选择样本方案、调查对象、访问时段。

电话访问一般可应用于用户调查、回访、访问分销商、服务投诉和质量投诉的应答、价格行情意见征询等。

(3) 邮寄访问。

邮寄访问常见的方式有:商业邮寄广告上的调查(如持广告来购买优惠多少)、专门邮寄调查表、产品说明书所附调查页、报纸杂志夹带或印刷的调查表。此类调查通常也包括一些类似但不一定通过邮寄方式完成的调查。

(4) 网上访问。

由于计算机技术的发展和普及,越来越多的人习惯借助于互联网作为其日常购买和交流的渠道,这就为网上调研提供更多的可能和便利。网上调研省略了印刷、邮寄等过程,问卷回收率高,既可以增加调查的信息量,也可以节省相关费用。其缺点就是上网的人群并不一定能代表被研究的对象,安全性等方面的问题也是制约网上调研的重要因素。利用互联网开展市场调查是当今流行的一种商业调查方式,主要方式有:网络自动问卷、E – mail、在线小组讨论、在线调查点击、BBS 讨论版自动统计等。

2. 观察法

观察法即调查者(或机器)在现场观察,记录行为者过程和行为结果的方法。这是市场调查中经常采用的方法,主要用来收集原始资料。观察法的基本要求主要是:避免被调查者看出或感觉到正在被调查,目的是为了防止干扰被调查者的正常行为,以便取得真实、可靠、贴近实际的行为表现数据。

3. 实验法

实验法是借用自然科学家实验求证的原理,在一个较小范围的典型的实验市场内,对诸如产品质量、包装、设计、价格、广告宣传、陈列方法等影响商品销售的因素,通过进行小规模地实际对比试验来测验策略的效果,以决定是否有大规模推行的价值,通常这种实验也被称为试销。实验法的主要优点是方法科学,可以获得确切的信息,从而减小创业和经营的风险。这种方法的缺点是选择实验市场比较困难,如果不具有广泛的代表性,那么实验的结果就可能导致误断。

二、创业市场调研的流程

1. 明确问题、分析情况

为了有针对性地进行创业市场调研,避免盲目行动造成人力、财力、物力浪费,首先要找出需要解决的问题及其关键所在,据此来确定调查课题。此步骤可分为两个阶段进行:

(1)准备性调查阶段,即发现问题阶段。

在这一阶段中,调查人员一方面根据自身观察及对企业有关人员的访问,找出计划期所存在的主要问题;另一方面通过对企业内部报告系统和市场营销情报系统提供资料的全面分析,比较企业过去与现在的相关情况,掌握存在的主要问题,初步分析问题存在的原因及相互关系。

(2)探索性调查阶段。

探索性调查即针对前阶段所提出的问题及种种设想,进一步分析现有的相关资料,并进行初步调查,使需要调查的问题更加明显、更加集中,以便于分析出问题的关键所在,最终确定调查课题。

2. 分析研究、制定计划

调研计划是创业市场调查的行动纲领,一般包括以下七个方面(5W2H)的内容:

(1)制定调研目标(Why)。

创业市场调研的目标是要研究和解决企业经营中的具体问题。确定调研目标前,首先要对企业的实际生产经营现状进行全面分析研究,找出需要解决的问题,再根据问题的轻重缓急,有计划地提出调研目标的层次,也就是在调查前要明确两个方面的结论：为什么要进行调查？调查要了解什么问题？

(2) 拟定调研项目（What）。

调研项目即调研的具体内容。为了有效达到调研目标，首先要考虑应该收集哪些方面的情况信息资料，然后根据所需信息资料来拟定调研项目。

(3) 确定调研对象（Who）。

企业要根据调研目标和项目来确定调研对象，包括主要对象和次要对象。要明确对象和探索对象，分清轻重缓急，做到既能抓住对重点对象的调查，又能兼顾对一般对象的了解；既能掌握现实对象的情况，又能了解到潜在对象的情况。

(4) 确定调研地点（Where）。

调研地点的选定要兼顾调查的目的性、可能性、经济性。首先要考虑调研项目的需要，其次要充分评估实施的可能性，另外也要注意节约时间与费用。

(5) 安排调研时间（When）。

根据需要解决问题的轻重缓急规划总体调研活动的起止时间，同时根据具体对象的情况来安排调研的时段、顺序，列出日程进度表。

(6) 选择调研方法（How）。

创业市场调研的方法很多，必须根据调研的目标、项目、对象、地点、时间等要求合理进行选择。

(7) 编制调研预算（How much）。

编制调研预算一般遵循目标一定条件下实现最低消耗的原则，在有限的经费条件下达到最大的调研目标。编制调研预算一般分项目进行核算。

3. 组织准备、实地调研

(1) 组织准备。

创业市场调查的前期准备工作主要包括：对调研人员进行选择和培训；确定询问项目或测研表；确定抽样设计；建立调研组织，配备调研人员；进行费用核算；实地调研所需物资准备等工作。

(2) 实地调研。

调研人员按计划规定的时间、地点、方法、内容进行具体的实地调研，收集有关资料。

4. 整理资料、提出报告

(1) 整理资料。

调研所得到的信息资料通常是分散的、零星的，其中有的资料也可能是片面的、不真实的，因此，需要对调研收集到的资料进行整理和统计分析。

(2) 提出报告。

调研报告是对某件事情或某个问题进行调查研究以后编写的书面报告，是对整个调查工作，包括计划、实施、收集、整理等一系列过程的总结。调研报告应该用事实材料对所调研的问题，做出系统的分析说明，并提出结论性的意见，反映创业市场调研的全部成果。创业市场调研报告虽然没有统一的格式，但一般要求有情况、有分析、有结论、有建议，基本格式应包括引言、正文、结论、附表等内容。

工作手册

任务名称	设计调研方案	
团队成员		
任务实施关键点		
序号	实施步骤	实施策略
1	讨论确定选题	
2	通过网上搜索、深度访谈、企业学习等方式，了解企业状况、市场环境、产品特征等	
3	围绕企业设计调研方案	
4	做好会议记录	
5	在工作手册上实施练习	
6	各团队成员分工进行展示	

工作小结

任务4 掌握SWOT分析法的使用方法

任务描述

小妮在掌握市场调研的方法后,又在思考怎样运用市场分析的主要工具解决问题?

理论学习

知识点④ 市场分析的主要工具——SWOT分析法

SWOT分析法即态势分析,就是将与研究对象密切相关的各种主要内部优势、劣势和外部的机会和威胁等,通过调查列举出来,并依照矩阵形式排列,然后用系统分析的思想,把各种因素相互匹配起来进行分析,从中得出一系列相应的结论,而结论通常带有一定的决策性。运用SWOT分析法,可以对研究对象所处的情景进行全面、系统、准确的研究,从而根据研究结果制定相应的发展战略、计划以及对策等。SWOT分析法常常被用于制定集团发展战略和分析竞争对手情况,在战略分析中是最常用的方法之一。S(Strengths)、W(Weaknesses)是内部因素,O(Opportunities)、T(Threats)是外部因素。按照企业竞争战略的完整概念,战略应是一个企业"能够做的"(即组织的强项和弱项)和"可能做的"(即环境的机会和威胁)之间的有机组合。

进行SWOT分析主要是运用各种调查研究方法,分析出公司所处的各种环境因素,即外部环境因素和内部环境因素。外部环境因素包括机会因素和威胁因素,它们是外部环境对公司的发展直接有影响的有利和不利因素,属于客观因素;内部环境因素包括优势因素和劣势因素,它们是公司在其发展中自身存在的积极和消极因素,属于主动因素。在调查分析这些因素时,不仅要考虑到历史与现状,更要考虑未来发展问题。

(1)优势,是组织机构的内部因素,具体包括:有利的竞争态势;充足的财政来源;良好的企业形象;技术力量;规模经济;产品质量;市场份额;成本优势;广告攻势等。

(2)劣势,也是组织机构的内部因素,具体包括:设备老化;管理混乱;缺少关键技术;研究开发落后;资金短缺;经营不善;产品积压;竞争力差等。

(3)机会,是组织机构的外部因素,具体包括:新产品;新市场;新需求;外国市场壁垒解除;竞争对手失误等。

(4)威胁,也是组织机构的外部因素,具体包括:新的竞争对手;替代产品增多;市场紧缩;行业政策变化;经济衰退;客户偏好改变;突发事件等。

总之,SWOT分析法就是用系统思维将似乎独立的因素相互匹配起来进行综合分析,像多面镜一样全面审视自己和市场环境。优点在于考虑问题全面,可以把对问题的"诊断"和"开处方"紧密结合在一起。强化优势,改善劣势,条理清楚,便于检验,使得企业在制定战略计划时更加科学全面。

成功运用SWOT分析法的简单规则

进行SWOT分析的时候必须对公司的优势与劣势有客观的认识。

进行SWOT分析的时候必须准确区分公司的现状与前景。

进行SWOT分析的时候必须考虑全面。

进行SWOT分析的时候必须与竞争对手进行比较,到底是优于或是劣于你的竞争对手。

保持SWOT分析法的简洁化,避免复杂化与过度分析。

SWOT分析法因人而异。

工作手册

任务名称	构建 SWOT 矩阵		
团队成员			
任务实施关键点			
序号	实施步骤		实施策略
1	团队先挑选出一家计划分析的企业		
2	分析企业的优势、劣势、机会、威胁		
3	构建 SWOT 矩阵		
4	做好会议记录		
5	在工作手册上实施练习		
6	各团队成员分工进行展示		

工作小结

任务 5　掌握市场细分的具体方法

◎ 任务描述

小妮坚定了创业决心，那么市场细分的具体方法有哪些？如何做好市场定位策略？

◎ 理论学习

知识点⑤　市场细分的具体方法

1. 单一变量法

所谓单一变量法，是指根据创业市场调研结果，把选择影响消费者或用户需求最主要的因素作为细分变量，从而达到市场细分的目的。这种细分法以公司的经营实践、行业经验和对组织客户的了解为基础，在宏观变量或微观变量间，找到一种能有效区分客户并使公司营销组合产生有效对应变量而进行的细分。影响消费者或用户需求的因素是多种多样的，一些因素又相互交错在一起，共同对某种需求产生影响。例如，性别与年龄、职业与收入、规模与对产品的要求等交织在一起，都会影响需求的增减变化。所以用单一变量法来细分市场，只能是一种概括性的细分，也就是所谓"求大同，存小异"。例如，玩具市场需求量的主要影响因素是年龄，可以针对不同年龄段的儿童设计适合不同需要的玩具，这早就被玩具商们所重视，根据年龄因素同样也可以对服装市场进行市场细分，见图 3-1。

老人市场
中年市场
青年市场
儿童市场

图 3-1　单一变量法示意图

2. 产品-市场方格图法

产品-市场方格图法主要是按照产品和市场两个因素来细分市场。例如，某液晶电视机生产企业采用该方法对市场进行了细分，见图 3-2。

市场产品	50寸	60寸	70寸	98寸
农村个人				
城镇个人				
酒　　店				

注：1寸约等于3.33厘米

图3-2　产品-市场方格图法示意图

3. 综合因素细分法

综合因素细分法即用影响消费需求的两种或两种以上因素进行综合细分。例如，可根据收入因素（高、中、低）和地理因素（城镇、农村）把市场细分为六个子市场，见图3-3。

收入高-城镇市场	收入高-农村市场
收入中-城镇市场	收入中-农村市场
收入低-城镇市场	收入低-农村市场

图3-3　综合因素细分法示意图

4. 系列因素细分法

当影响市场所涉及的因素是多项的，并且各因素是按一定顺序逐步进行时，细分市场可由粗到细、由浅入深，逐步进行细分，这种方法称为系列因素细分法。例如，服装市场可按照"地区-性别-年龄-个人收入"来进行细分，见图3-4。

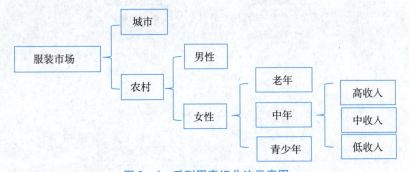

图3-4　系列因素细分法示意图

制定市场营销计划，一般从市场营销的产品（Product）、价格（Price）、地点（Place）、促销（Promotion）4个基本策略的组合入手，需要围绕顾客需求这一核心从以下4个方面予以考虑：

（1）向你的顾客提供他们需要的产品或服务。
（2）为你的产品或服务制定顾客愿意支付的价格。
（3）为你的顾客提供便于购买你的产品或服务的场所。
（4）为你的顾客传递有关你的产品或服务的信息，吸引他们购买。

以上4个方面通常被称为"市场营销组织策略",由于"产品、价格、地点、促销"这4个要素的英文单词首字母都是P,因此,也被称作"4P组合"或"4P理论",见图3-5。

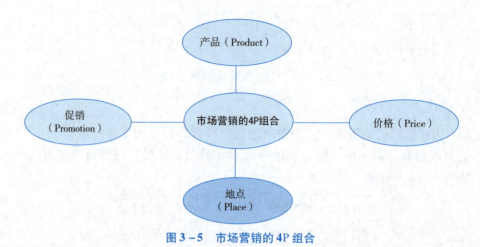

图3-5 市场营销的4P组合

市场调查是向潜在的顾客和对手提出问题和获取信息的过程。有了这些信息,我们就可以围绕市场营销4P目标开展产品策略、价格策略、促销策略、地点策略等活动。

用免费的方式吸引
客户靠谱吗

如何把免费
变成收费

项目三 你分析市场了吗?

工作手册

任务名称	完成市场细分	
团队成员		
任务实施关键点		
序号	实施步骤	实施策略
1	选择某一产品进行市场细分	
2	选择合适的市场细分方法	
3	市场细分的步骤	
4	做好会议记录	
5	在工作手册上实施练习	
6	各团队成员分工进行展示	
工作小结		

随堂练习

1. 市场调研方法有几种?（至少列 3 种）

2. 简述 SWOT 分析法的简单规则。

3. 细分市场的具体方法有哪些?

   如选择其中一种，主要理由是：

4. 市场营销中 4P 是指什么?

根据所学内容，完成创业项目市场分析并填写表3-1。

表3-1 目标顾客信息收集

序号	顾客特征	概况描述
1	谁将成为你的顾客（一般性描述）	
2	年龄	
3	性别	
4	地址（他们住在哪里）	
5	工作水平（具体数字）	
6	他们平均多长时间购买一次你的产品或服务（每日、每周、每月、每季度、每年）	
7	他们愿意出多少钱购买你的产品或服务	
8	他们的购买量有多大	
9	未来的市场规模和趋势 （未来顾客数量会增加、减少或保持不变）	

根据讨论的情况，填写会议纪要。

会议主题		会议时间	
参会人		主持人	

会议内容：

会议结论：

签名：

拓展知识梳理

1. 大学生创业者如何选取市场调研路径

企业要比竞争者更好地满足市场需求，保持竞争优势，必须进行市场调研，广泛收集市场信息，对市场需求和产品前景做出合理的预测，从而制定积极、有效的市场营销战略和策略。

市场调研就是科学、系统、客观地收集、整理和分析市场营销的资料、数据、信息，帮助企业管理人员制定有效的市场营销决策的活动。市场调研一般包括以下几个阶段：

（1）确定调研课题。即明确市场调研应调查研究什么问题、达到什么目的。

（2）市场调研策划。运用定性研究和系统规划的方法，制定市场调研方案或市场调研计划书。

（3）正式调查、收集数据。组织调查人员深入调查单位搜集数据和有关资料，包括现成资料和原始资料。

（4）调查资料整理。对调查资料进行审校与校订、分组与汇总、制表等。应按照综合化、系统化、层次化的要求，对调查获得的信息资源进行加工整理。

（5）分析研究。运用统计分析方法对大量数据和资料进行系统的分析与综合，借以揭示调查对象的情况与问题，掌握事物发展变化的特征与规律性，找出影响市场变化的各种因素，提出切实可行的解决问题的对策。

（6）编写调研报告。市场调研报告是根据调查资料和分析研究的结果而编写的书面报告。其基本内容有：交代市场调研的基本情况、调查结论和主要内容的阐述、情况与问题、结果与原因、启示与建议等。具体内容确定应视调研课题的性质、内容和要求而定。调研报告一般由标题、开头、正文、结尾及附件等要素组成。

2. 作为青年大学生创业前，别忘了做个市场调研

浙江科技学院的俞佳辉计划在学校开办正装店之前，不仅对学校现有正装店的消费者及大学新生、毕业生等潜在消费者进行了调研，还考察了淘宝店铺等经营正装的电商。在发现实体店价格偏贵、网上无法定制且质量欠缺等问题后，俞佳辉开起了面向大学生的平价正装店。俞佳辉认为，遇到商机需要先做市场调研。已经有很多大学生创业者因为没有做市场调研或者市场调研不充分而失败。"通过市场调研可以发现问题，发现原来创业设想中不合理的部分，并及时改正。"在一家投资银行任投资经理的刘博告诉《中国青年报》的记者，很多创业者认为花费时间做市场调研会消磨自己的创业热情，其实做市场调研也是创业的一部分，对市场需求都不了解，只能是闭门造车。

（1）好商机更需要市场调研。

学校坐落在山脚下，上坡路比较多，从宿舍到校门口一路下坡还可以，但骑回来就会比较累，自行车反而成了累赘。遗憾的是，在学校经营自行车租赁生意的大学生王珂直到关门大吉才意识到这一点。

王珂是大一暑假和中学同学吃饭时有了开办租车业务想法的。王珂的同学说，他们学校的租车生意很红火，王珂就想到自己学校面积大，而且有东西两个校区，把租车这一项目复制过来应该有市场。大二伊始，王珂就和同宿舍的两个同学把想法付诸实施了。然而，在集资 3 000 元购置了自行车之后，他们发现：学校里也有不少人骑自行车，但他们都是自己买的，他们觉得租车不如自己买车，自行车最便宜的只要 100 多元。来租车的人寥寥无几，还要负担保养车子的花费，王珂的创业在坚持了几个月后，以失败告终。

有的创业者想复制别人成功的项目，这样的项目虽然风险低，但也应该考虑项目是否会出现水土不服的状况。对于王珂的创业，北京天卓融晟咨询公司研究部负责人贾丁认为，连学校路况不适合骑车这样基本的判断都没有，这种创业太草率。

（2）好的市场调研是成功的一半。

虽然最后把洗衣店转手了，但徐靖忘不了这次创业的经历，他一再强调："这次创业并不是失败了，转手的主要原因是我们作为学生精力有限，创业和学习不能兼得。"

徐靖有一次去住在学校附近的朋友家吃饭，朋友请他帮忙拿西装到学校洗衣店干洗，他才发现这个有 8 栋住宅楼的小区竟然没有洗衣店。徐靖立即召集了几个同学，拿着设计好的问题，分组在小区里对居民进行了口头询问，得出的结论是居民对洗衣店的需求旺盛。随后，徐靖又带领同学们实地考察附近是否有竞争对手，发现这里是一片蓝海。在实地考察几家洗衣连锁商店，比较了加盟费，听取了总店对连锁店的服务项目之后，徐靖最终选择了一家价位比较合理的连锁品牌，采用加盟的方式开始了创业。

"发现商机当然会让人激动，但市场会不会接受你，最终还是需要调研来决定。"徐靖认为，付出总有回报，虽然调研比较麻烦，也很辛苦，但这是创业成功的保障。

和徐靖一样，温州医科大学在校生陈忠探认为，他能够创业成功首先是因为市场调研做得好。在有了开零食店的想法后，陈忠探做了近 3 个月的市场调研。"我们根据对零食需求的几个特性进行了问卷调查，对于商店的调查，我们是冒充消费者进行了解。"陈忠探和他的团队做了 3 000 多份调查问卷，询问了 100 多家商店，也咨询了近百家供应商。通过对团体和个人消费者分开调查，陈忠探发现，团体对价格要求比较高，量比较大；个人对品种要求比较高，量比较少，利润相对高。由此，他们确定了零食店的发展方向：主要面向团体，承接学校社团、班级客户。小店除了有实体店，还提供送货上门服务。现在陈忠探的零食店承接了大部分校内团体活动的零食供应，一家零食店一个月的销售额可以达到 10 万元以上。

问题与实操

练习1　市场营销体验

【训练目的】实际体验与认知市场营销。

【训练方案】

- 人员：3~5人组成一个小组，以小组为单位开展活动。
- 时间：与本部分教学时间同步。
- 方式：仔细地浏览京东网网页并以PPT或其他形式发表自己对以下问题的看法。

（1）描述你所看到的京东网，尝试在京东网上购物并描述这一过程。

（2）你是否看到了市场营销的存在？以实例支持你的说法。

（3）京东网是怎样与顾客建立关系的？京东网是否重视顾客利益？以实例支持你的说法。

练习2　准备你的市场营销计划——促销

填表说明：促销有多种方式。如果是你们团队进行促销，你愿意投入多少钱？你可以向广告商等了解有关促销费用的信息。你要关注你的竞争对手，看看他们选择什么方式促销。综合上述种种最终选择适合你的企业促销方式。在右边空白栏填写你的具体内容及成本预测。请根据自身实际填写表3-2。

表3-2　市场营销计划

促销方式	具体内容	成本预测（元）
广　告		
人员推销		
营业推广		
公共关系		
其　他		

练习3　市场需求调研活动

【活动目的】

通过活动，掌握市场调研的方法，培养分析调研内容的能力。

【活动背景】

王芳是一名大学生，她的好朋友李雪峰即将过生日，她想送李雪峰一份特别的礼物。她到学校附近的礼品店逛了一圈，尽管商品丰富，但大同小异，难以体现出送礼者的心意。王芳希望买到有个性，且能够充分体现自己心意的礼品。

【活动内容】

假设你要开一家礼品店，你会通过什么方式满足那些有特别需求的消费者？你的礼品店的经营特色是什么？请对本校学生、学校附近的居民、在学校附近购物的顾客进行调研，了解他们的购买行为、购买动机等，具体活动流程如下：

（1）全班学生分成若干小组，每组4~5人，选出一个小组负责人，明确成员分工和具体责任。

（2）各小组成员就上述背景资料进行分析讨论，提出一个经营方案。

（3）进行市场调研。调研步骤见表3-3。

表3-3 调研步骤

步骤	具体内容
第一阶段：设计	确定调研的目标和内容
	选择调研的方法
	调研问卷的设计（通过网络查阅相关资料，然后进行设计）
第二阶段：实施调研	选择时间、地点，并组织人员进行调研
	控制好调研的时间和质量
第三阶段：数据整理分析	对调研的数据进行整理
	对调研的数据进行分析
第四阶段：撰写报告	书面报告的撰写（每组出一份报告）

（4）将调研报告制作成PPT，由小组负责人上台进行成果展示，教师进行点评。

（5）活动检测：活动结束后，教师可以根据表3-4进行评分。

表3-4 活动评分

评价项目	评分标准	满分	实际得分	点评
准备工作	积极参与讨论	10		
	提出的创业方案具有创意	10		
市场调研	分工明确、合理	10		
	设计的调研问卷内容全面	15		
	对调研的内容分析准确，对方案的完善有较大的参考价值	15		
成果展示	调研报告结构完整，条理清楚	15		
	PPT制作精美	10		
	讲解者表达流利，有独到见解	15		
总分		100		

考核与评价

姓名		班级		得分
自我评价 (30 分)	自我反思（总结本次任务的完成情况，掌握了哪些知识和技能，锻炼了哪些能力，收获了什么，自己的不足之处以及怎么提升等）			
同学评价 (30 分)	团队互评（主要指在团队中的表现情况）			
教师评价 (40 分)				
	总分 (100 分)			

项目四

你设计商业模式了吗？

项目导读

随着社交媒体与视频平台发展，直播美妆教程受到了更多年轻人的关注。在这个背景下，电子商务专业大二女生范某对直播产生了浓厚的兴趣，平时自己就很喜欢美妆，也善于与人交流。于是，与班上同学组建了直播团队。

为了确保团队能够顺利运营并吸引更多观众，确定好大的方向，团队在选择平台、账号定位、教程制作、互动交流等方面每周开团队会议。接下来明确好分工，每周上传两到三个化妆视频，并在周末进行一次直播，主要进行日常妆容和化妆品的分享。逐渐积累了一定数量的粉丝。慢慢地有更多的品牌与团队合作，注意到他们的品牌增加，并希望与其合作推广产品或参加相关活动。

美妆教程越来越受欢迎，通过在视频中放置产品链接，并使用特定的优惠码，每销售出一件产品，团队都能获得一定比例的佣金。合作的品牌增加，获得了一些赞助产品用于教程展示。除此之外，团队还增加了社群营销，进一步拓展了与消费者之间的互动和沟通渠道。通过社群营销，他们可以更好地了解消费者的需求和喜好，并根据这些信息进行选品和市场推广策略的调整。

本项目将以商业模式的含义、特征及类型为切入点，引导读者初步领悟商业模式的重要性，并掌握设计与创新商业模式的方法。通过深入研究商业模式画布的九大因素及相互关系，最终目标是帮助读者能够娴熟地运用商业模式画布构建自己企业合理而富有创意的商业模式。

知识目标	1. 了解商业模式的含义、特征及类型 2. 了解商业模式的重要性 3. 掌握设计与创新商业模式的方法 4. 熟悉商业模式画布的九大因素及相互关系
能力目标	能够熟练地运用商业模式画布为自己的企业构建合理的商业模式
素质目标	通过构建商业模式实践，坚持守正创新，紧跟时代步伐，顺应实践发展。养成科学的商业模式思维，增强表达、沟通、合作能力
建议学时	3~4学时

马化腾（腾讯科技（深圳）有限公司创始人）：做企业不能追求一鸣惊人，要脚踏实地、稳步前进。

任务1　了解商业模式的含义、特征、类型

任务描述

闫某成功识别出"健康豆腐"这样一个创业机会，接下来就要思考如何开发和利用这个机会。构思一个好的商业模式，一个好的商业模式等于成功就有了一半的保证。先了解下什么是商业模式吧！

理论学习

知识点① 商业模式的含义、特征、类型

一、商业模式的含义

在实践领域，商业模式（Business Model）通常被定义为"创业是如何赚钱的"。虽然这一说法简单又易于理解，但还是很笼统，也没有反映商业模式的核心。事实上，无论是街头小吃摊还是跨国企业巨头，无论是传统的手工作坊还是现代的高科技公司，无论是简单的企业组织还是复杂的公司机构，都需要一个属于自己的商业模式，一个赚钱的企业必定有其独特的商业模式。

目前，学术界对什么是商业模式依然没有形成一个权威的定义。一个无可争辩的事实是，企业必须选择一个适合自己的、有效的和成功的商业模式，并且随着客观情况的变化不断加以创新，才能获得持续的竞争力，从而保证自己的生存与发展。商业模式具有"点石成金"的功能。

部分专家学者如清华大学雷家骕教授概括出的商业模式定义为：一个企业如何利用自身资源，在一个特定的包含了物流、信息流和资金流的商业流程中，将最终的商品和服务提供给客户，并收回投资获取利润的解决方案。

综上所述，我们不妨将商业模式定义为：实现客户价值最大化，能够把企业运行的内外各要素整合起来，形成一个完整的、高效率的、具有独特核心竞争力的运行系统，并通过最优实现方式满足客户需求、实现各方价值（包括客户、员工、合作伙伴、股东等利益相关者的价值），同时使系统达成持续盈利目标的整体解决方案。用一句话来简要阐述就是：商业模式描述的是企业如何创造价值、传递价值和获得价值的核心逻辑与运行机制。

实际上，作为初创者而言，要设计好自己的商业模式，只需要回答清楚四个最基本的问题：

①谁是企业的顾客？
②顾客需要什么？
③企业如何从这项业务中获取利润？
④企业以适当的成本为顾客提供价值的经济逻辑是什么？

二、商业模式的特征

成功的商业模式必须能够突出企业不同于其他企业的独特性。这种独特性表现在：企业怎样界定目标客户及其需求和偏好，界定产品和服务以满足目标客户需求；界定业务运作内容、价值传递和沟通渠道等方面，以客户价值为中心创造和提供吸引客户的产品；界定竞争者以建立战略控制能力，保护产品价值不会很快流失。

（1）客户价值最大化。企业经营的过程就是不断提升企业客户价值的过程。商业模式能否持续盈利与该模式能否使客户价值最大化有必然联系。

（2）持续盈利。盈利持续性是衡量企业利润质量的重要指标之一，也是衡量市场竞争强度的指标。持续盈利是指既要盈利，又要有稳定增长性和可持续发展性，而不是一时的偶然盈利。

（3）资源整合。企业对不同来源、不同层次、不同结构、不同内容的资源进行识别与选择、汲取与配置、激活和有机融合，使其具有较强的柔性、条理性、系统性和价值性，并创造出新的资源。资源整合就是要优化资源配置，有进有退、有取有舍，获得整体的最优。

（4）持续创新。持续创新能力是企业应对不确定性、实现可持续高质量发展的核心基础，是企业基业长青之道。在经营企业的过程中，商业模式比高科技更重要，因为商业模式是企业能够立足的先决条件。

（5）有效的融资。任何公司的设立和发展都是以充足的资金准备为基本前提的。打造融资模式对企业有着特殊的意义，尤其是对广大的中小企业来说更是如此。

（6）高效率的组织管理。高效的企业管理可以让企业以最小的成本获得最大的利益，不断提高生产效率和工作效率。高效率是每个企业管理者都梦寐以求的境界，也是企业管理模式追求的最高目标。

（7）风险控制。商业模式有两个方面的风险：一是系统外的风险，如来自政策、法律和行业等方面的风险；二是系统内的风险，如产品的变化、人员的变更、资金不济等。好的商业模式能够抵御和规避企业在经营过程中遇到的风险。

三、商业模式的类型

商业模式包括运营性商业模式和策略性商业模式。

1. 运营性商业模式

运营性商业模式重点解决企业与环境的互动关系，包括与产业价值链环节的互动关系。运营性商业模式创造企业的核心优势、能力、关系和知识，主要包含以下内容：

（1）产业价值链定位。企业处于什么样的产业链条中，在这个链条中处于何种地位，企业结合自身的资源条件和发展战略应如何定位等。

（2）盈利模式设计（收入来源、收入分配）。企业从哪里获得收入，获得收入的形式有哪些，这些收入以何种形式和比例在产业链中进行分配，对这种分配企业是否有话语权等。

2. 策略性商业模式

策略性商业模式对运营性商业模式加以扩展和利用，涉及企业生产经营的方方面面。

（1）业务模式。企业向客户提供什么样的价值和利益，包括品牌、产品等。

（2）渠道模式。企业如何向客户传递业务和价值，包括渠道倍增、集中或压缩等。

（3）组织模式。企业如何建立先进的管理控制模型，如建立面向客户的组织结构、通过企业信息系统构建数字化组织等。

每一种新的商业模式的出现，都意味着一种创新、一个新的商业机会的出现。紧跟时代步伐，顺应实践发展，养成科学的商业模式思维。谁能率先把握住这种商业机遇，谁就能在商业竞争中拔得头筹。

工作手册

任务名称	了解商业模式	
团队成员		
任务实施关键点		
序号	实施步骤	实施策略
1	谁是企业的顾客	
2	顾客需要什么	
3	企业如何从这项业务中获取利润	
4	企业以适当的成本为顾客提供价值的经济逻辑是什么	
5	做好会议记录	
6	在工作手册上实施练习	
7	各团队成员分工进行展示	
工作小结		

任务 2　分析商业模式的重要性

任务描述

闫某意识到从小本生意到大桩买卖,凡是成功的企业都有其特定的商业模式,不同的商业模式决定了企业不同的盈利状况。可见商业模式的重要性。

理论学习

知识点② 商业模式的重要性

商业模式描述了企业如何创造价值、传递价值、获得价值的基本原理。对于创业企业来说,商业模式表明了企业的基础意义与战略价值。当然企业进入市场后商业模式也会给企业带来更大的成长空间。

1. 建立企业差异化

商业模式可以帮助企业建立自身的差异化,并将这种差异化转化为企业的核心竞争力。通过创造独特的价值主张和收入来源,企业可以在市场中建立自己的品牌和声誉,从而吸引和保留客户。

2. 优化资源配置

商业模式可以帮助企业更好地协调和优化内部资源,确保资源的有效利用和合理配置,降低企业成本。与此同时,也可以将资源转化为相应的收益来源,实现企业的经济效益最大化,提高持续盈利能力。

3. 抵御外部竞争

商业模式还可以帮助企业建立起自身的市场地位和信誉,从而在激烈的市场竞争中获取优势。一个好的商业模式可以确保企业满足消费者的需求和期望,提高消费者忠诚度,抵御外部竞争的影响,保持企业的市场地位。

4. 推动创新及业务扩展

商业模式可以帮助企业发掘新的商机和机会,并促进创新。通过不断总结经验和教训,优化和调整商业模式,企业可以更好地理解市场和消费者需求,推出更符合市场需求的产品和服务,推动业务扩展。

微课

企业的核心竞争力

郎咸平讲华为的秘密 1

郎咸平讲华为的秘密 2

工作手册

任务名称	分析企业商业模式	
团队成员		
任务实施关键点		
序号	实施步骤	实施策略
1	找一家自己感兴趣的企业	
2	分析这家企业的商业模式	
3	做好会议记录	
4	在工作手册上实施练习	
5	各团队成员分工进行展示	
工作小结		

任务3　掌握创新商业模式的方法

任务描述

闫某和团队成员针对"健康豆腐"项目打开了创业模式的画布，准备根据自身的资源状况，结合市场的状况与合作伙伴的利益关系要求，构思一个多赢价值体系下的商业模式。你知道创新商业模式有哪几种方法吗？

理论学习

知识点③　创新商业模式的方法

微课	微课	微课
渠道选择有哪些方法	渠道合作策划的思路	没有钱怎样做产品渠道推广

成功的企业肯定有非常好的商业模式，它会时刻面对其他企业的快速模仿或利用相似商业模式展开的竞争。因此，企业和创业者不但要学会设计商业模式，更应该好好地研究成功企业的商业模式，学会如何在设计商业模式时为企业找到新市场与空白市场，在市场竞争中保持先发优势或构筑结构性壁垒。如今，许多企业都是在模仿和改进现有商业模式的基础上收获了巨大成功，例如腾讯、百度等。下面介绍几种设计商业模式的基本方法。

1. 全盘复制法

全盘复制商业模式的方法比较简单，即对优秀企业的商业模式进行直接复制，有时也需要根据不同企业自身实际略加修正。全盘复制的方法主要适用于同一行业内的企业，特别是同属于一个细分市场或拥有相同产品的企业，更包括直接竞争对手之间商业模式的互相复制。

2. 借鉴提升法

借鉴提升法是指学习研究优秀的商业模式，提炼和节选出优秀商业模式的核心内容或创新概念，并与自身企业现阶段商业模式的相关内容进行对比，查找问题和不足并进行有针对性的调整和完善。借鉴提升法也叫引用创新点法，其适用范围最为广泛，不同行业、不同竞争定位的企业都可以适用。需要注意的是，借鉴提升法在实际引用中主要是取其商业模式较为创新的一个点，这个点一般会集中在盈利模式上，当然，产品模式、业务模式、运营模式的创新点也会被引用。

3. 整合创新法

基于企业已经建立的优势或平台，依托消费者对运营企业的忠诚度或用户黏度，通过吸收和完善其他商业模式进行整合创新，使企业进一步在本领域拥有产业链优势、混合业务优势和相关竞争壁垒。整合创新模式主要适用于行业领导者或细分市场领导者，且其他企业尚不具备整合所需的各项能力和要素。采取整合创新的方式设计商业模式时，需要特别关注企业现有平台是否具备一定优势，能否承担整合平台的重任，否则整合创新将失去基础。

工作手册

任务名称	创新商业模式的方法	
团队成员		
任务实施关键点		
序号	实施步骤	实施策略
1	列举几种商业模式	
2	找一家成功企业分析用的什么商业模式	
3	做好会议记录	
4	在工作手册上实施练习	
5	各团队成员分工进行展示	
工作小结		

项目四 你设计商业模式了吗?

任务4 掌握商业模式画布的九大模块

任务描述

同学们,请根据闫朝恒的创业机会,利用书中介绍的设计商业模式的工具(商业模式画布),为他的项目构建一个合理的商业模式,并理清商业模式画布的九大模块及相互关系。

理论学习

知识点④ 商业模式画布的九大模块

《商业模式新生代》的作者亚历山大·奥斯特瓦特提出了一套叫"商业模式画布"的工具(见图4-1),使设计和表达商业模式变得简单、高效。一个商业模式描述的是一个组织创造、传递以及获得价值的基本原理。要描述一个商业模式,可以通过构建它所需的九大模块来完成,这九大模块可以展示出一家公司寻求利润的逻辑过程,涵盖了四个主要部分:客户、产品或服务、基础设施以及金融能力。商业模式画布包括以下九大模块:

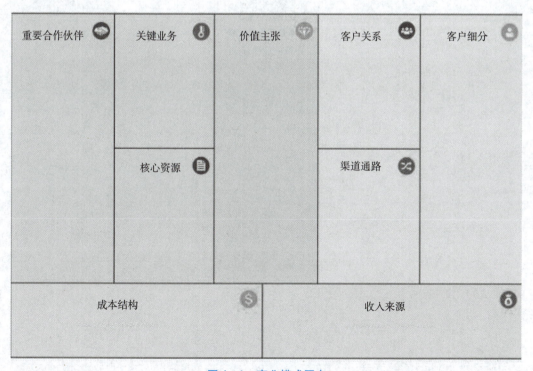

图4-1 商业模式画布

（1）客户细分（Customer Segments）：定义企业服务的不同客户群体。

（2）价值主张（Value Propositions）：描述为特定客户细分提供的产品或服务的价值。

（3）渠道通路（Channels）：企业如何通过不同的渠道将价值主张传达给客户。

（4）客户关系（Customer Relationships）：企业与客户建立和维护关系的方式。

（5）收入来源（Revenue Streams）：企业从每个客户细分中获得收入的方式。

（6）核心资源（Key Resources）：企业运营所需的最重要的资产。

（7）关键业务（Key Activities）：企业必须执行的核心活动，以确保商业模式的运作。

（8）重要合作伙伴（Key Partnerships）：企业与哪些合作伙伴一起工作，以及合作的动机。

（9）成本结构（Cost Structure）：企业运营的主要成本，以及这些成本是如何与关键资源、关键活动和关键合作伙伴关联的。

商业模式画布允许用户以一种结构化的方式思考和讨论商业模式的各个方面，从而促进创新和战略规划。通过使用这个工具，团队可以共同工作，识别商业模式中的潜在弱点和机会，以及探索新的商业模式创新。

微课
有哪些经典又长盛
不衰的促销方式

工作手册

任务名称	设计商业模式	
团队成员		
任务实施关键点		
序号	实施步骤	实施策略
1	为谁提供商品或服务	
2	提供什么商品或服务	
3	如何提供服务	
4	收益多少	
5	成本多少	
6	做好会议记录	
7	在工作手册上实施练习	
8	各团队成员分工进行展示	
工作小结		

随堂练习

1. 如果你选择创业，你的商业模式属于哪一种类型？为什么？

2. 设计商业模式工具之一——商业模式画布9个关键模块是什么？

3. 什么样的企业需要商业模式？

   如需要，请简单举例：

4. 你所熟悉的创业项目是否有自己的商业模式？能介绍一下吗？

创 业 特 训 营

■运用商业模式画布设计商业模式

商业模式画布设计能够加深同学们对商业模式的认识,本任务将引导同学们组成小组,使用商业模式画布这一工具自行设计一个商业模式。

1. 准备

(1) 分组。每组4~6人,划分组员职责,并将划分结果填入表4-1。

组长:_____

人数:_____

表4-1 组员职责划分

组员					
职责					

(2) 准备白板、便利贴和马克笔等工具。

2. 描绘消费者细分市场

每个小组指定一名组员描绘创业项目所服务的消费者的市场细分情况,其他组员根据消费者细分群体的不同,将不同颜色的便利贴贴在画板上。每组消费者代表一个特定的消费群体,需描述其特定需求。

描述人员:_____

(1) 消费者细分市场:_____

_____

_____

_____

(2) 特定需求:_____

_____

_____

_____

3. 描述对价值主张的理解

(1) 组员分别描述对价值主张的理解。

_____

_____

_____

（2）使用相同颜色的便利贴代表每个价值主张和对应的消费者细分群体。如果一个价值主张涉及两个差异很大的消费者细分群体，那么应当分别使用这两个消费者细分群体对应颜色的便利贴。

4. 用便利贴完成各个模块任务

组员使用便利贴将该商业模式中所有剩余模块识别出来。服务于相关消费者细分群体的内容使用同一颜色的便利贴。

5. 评估商业模式的优劣

（1）初步完成商业模式后，评估该商业模式的优势和劣势。

优势：_____

_____

_____

_____

劣势：_____

_____

_____

_____

_____

（2）将绿色（代表优势）和红色（代表劣势）的便利贴分别贴在商业模式中运用良好的模块和有问题的模块旁边。

6. 总结活动，说说你有哪些收获

_____

_____

_____

_____

_____

_____

_____

_____

_____

根据讨论的情况，填写会议纪要。

会议主题		会议时间	
参会人		主持人	
会议内容：			
会议结论：			
签名：			

拓展知识梳理

一、关于商业模式 9 大核心要素的思考

企业商业模式的思想具有直观、简单、可操作性强的特点。在创业过程中，商业模式画布起到健全商业模式、商业模式可视化及寻找已有商业模式漏洞的作用，在项目运作前常常通过头脑风暴避免错误，减少失败决策带来的损失。商业模式 9 大核心要素分别为：

（1）客户细分：你的目标用户群。需要思考：我们正在为谁创造价值？谁是我们最重要的客户？

（2）价值主张：客户需要的产品或服务。需要思考：我们该向客户传递什么样的价值？我们正在帮助客户解决哪一类难题？我们正在满足哪些客户的需求？我们正在提供给客户细分群体哪些系列的产品和服务？

（3）渠道通路：你和客户如何产生联系。需要思考：通过哪些渠道可以接触我们的客户细分群体？我们现在如何接触他们？我们的渠道如何整合？哪些渠道最有效？哪些渠道成本效益最好？如何把我们的渠道与客户的例行程序进行整合？

（4）客户关系：客户接触到你的产品后，你们之间应建立怎样的关系。需要思考：我们每个客户细分群体希望我们与之建立和保持何种关系？哪些关系我们已经建立了？这些关系成本如何？如何把它们与商业模式的其余部分进行整合？

（5）收入来源：你怎样从你提供的产品服务中取得收益。需要思考：什么样的价值能让客户愿意付费？他们现在付费买什么？他们是如何支付费用的？他们更愿意如何支付费用？每个收入来源占总收入的比例是多少？

（6）核心资源：为了提供并销售这些价值必须拥有的资源。需要思考：我们的价值主张需要什么样的核心资源？我们的渠道通路需要什么样的核心资源？我们的客户关系呢？收入来源呢？

（7）关键业务：商业运作中必须从事的具体业务。需要思考：我们的价值主张需要哪些关键业务？我们的渠道通路需要哪些关键业务？我们的客户关系呢？收入来源呢？

（8）重要伙伴：哪些人或机构可以给予战略支持。需要思考：谁是我们的重要伙伴？谁是我们的重要供应商？我们正在从伙伴那里获取哪些核心资源？合作伙伴都执行哪些关键业务？

（9）成本结构：你需要在哪些方面付出成本。需要思考：什么是我们商业模式中最重要的固有成本？哪些核心资源花费最多？有哪些关键业务花费？

二、11 种颠覆未来的免费商业模式

1. 体验型模式

客户往往对新产品抱有怀疑与期待的双重态度，因此让客户感觉到安全与信任，就成为企业营销的核心。体验型模式，是让客户先进行体验，获得客户信任后，再进行成交的一种方式。这一种模式具体可以分为两种：一种是企业设计可以用于体验的产品供客户免费体验，客户觉得满意后再进行消费；另一种是与时间挂钩的免费体验，就是客户在单位时间内可以免费体验产品，而后进行长期的付费使用。

2. 第三方资费模式

我们需要客户，而有些企业更需要我们的客户。因此，我们可以转化成一个资源对接的平台。简单地说，消费我们产品的客户将会获得免费使用的资格，而向我们付费的是想拥有我们客户的第三方，如报纸、电视、广播、杂志等。

3. 产品型模式

免费获得产品，对于任何人来说，都具有极大的吸引力。产品型模式就是通过某一产品的免费来吸引客户，而后进行其他产品的再消费的方式。这是一种产品之间的交叉型补贴，即某一个产品对于客户是免费的，而该产品的费用由其他产品进行补贴。产品型模式通常分为三种：

（1）诱饵产品的设计。设计一款免费的产品，目的是培养大量的潜在目标客户。

（2）赠品的设计。将一款产品变成另一款产品的免费赠品；或者将同行业或边缘行业的主流产品变成自己的免费赠品。

（3）产品分级的设计。普通版的产品，客户可以免费得到；高级版本或个性化的产品客户需要付费。

4. 客户型模式

人类是群居性动物。在人群中，一部分人群对于另一部分人群来说，具有强大的吸引力。客户型模式就是通过对其中一部分人群进行免费，从而获得另一部分人群的消费。该模式是企业找到一部分特定的客户进行免费，对另一部分客户进行较高的收费，实现客户与客户之间的交叉性补贴。这种模式设计的关键核心，在于找到特定的客户群。例如：女士免费，男士收费；小孩免费，大人收费；过生日者免费，朋友收费；老人免费，家属收费等。

5. 时间型模式

有些行业具有明显的时间消费差异。例如，电影院上午看电影的人非常少，那么可以在上午为客户提供免费服务，从而吸引大量的客户在上午进入电影院，而电影结束时往往是中午，客户会进行餐饮等其他消费。时间型模式是指在某一个规定的时间内对客户进行免费，如一个月中的某一天，或一周中的某一天，或一天中的某一个时间段。采用这种模式将具体的时间固定下来，让客户形成时间上的条件反射。该模式不但对提高客户的忠诚度、强化宣传效果有极大的作用，还可以促使客户消费其他产品，从而实现产品之间的交叉补贴。

6. 功能型模式

如果有一些产品的功能可以在另一些产品上体现，那么就可以将另一种产品的功

能免费提供给客户。功能型免费模式是指将其他产品的功能在自己的产品上进行体现，让客户获得免费的使用。例如，手机将相机、U 盘等功能免费。这种模式将会愈演愈烈，成为行业消亡行业的终结者。

7. 空间型模式

企业为了拉动某一特定空间的客户数量，对于指定空间不另外收取费用。空间型模式是指该产品或服务对客户来说是收费的，但是对于指定的空间或地点，客户可以享受到免费的待遇。

8. 跨行业型模式

其他行业的产品可以作为诱饵产品成为赠品，以吸引更多客户消费本行业的主流产品。跨行业型模式是指企业将其他行业产品纳入自身的产品体系，这些其他行业产品对于客户来说是免费获得的，条件是客户需要消费该企业的主流产品。这种模式将使行业之间的界限越发模糊，会推动一个行业部分或全部并入另一个行业。

9. 耗材型模式

有一些产品的使用，需要大量的相关耗材，因此，可以对该产品进行免费，而对耗材进行收费。消费型模式是指客户可以免费获得产品，但是使用该产品引发的耗材，客户需要付费。

10. 增值型模式

为了提高客户的黏性，促进重复性消费，企业必须向客户提供免费的增值型服务。例如，服装销售可以做到免费熨洗；化妆品销售可以做到免费美容培训；咖啡厅运营可以做到免费英语培训等。

11. 利润型模式

利润型模式是指客户可以免费获得产品，甚至服务、营销及产品的使用，条件是企业将参与产品所产生利润收益的分配。例如，某一些医疗器械医院可以免费获得，而销售医疗器械的企业要参与该产品的利润分成。企业的更新换代实际上是商业模式的推陈出新，面对自由市场的激烈竞争，不管是传统企业还是现代企业，不管企业是在创业起点还是在腾飞过程中，一旦企业创造出独具价值的商业模式，就有可能成为时代标杆。成功的企业都有其赖以生存的商业模式，每一个成功的模式都有其价值创造的核心链条。商业模式正是基于一种对企业的全新评价方法，引领大家关注一个公司的内在表现，关注其创造价值的核心逻辑与成长的根本动力。

三、"直播+"商业模式

随着时代的发展和进步，人们的消费需求和消费模式在不断升级，"直播+"多种互联网商业模式逐渐走入人们的视野，成为互联网生活的新时尚，也为企业的发展提供了新思路。"直播+电商"模式从 2019 年起开始实现爆发式增长，然后"直播+文化""直播+服务""直播+旅游"等各种特色模式纷纷出现。"直播+"模式的持续发展，不仅可以丰富直播内容品类，还提高了渠道变现能力和用户黏性。未来"直播+趋势"将进一步展开，在线直播将会向细分范畴拓宽，内容垂直化更加明显，在线直播的商业价值将会得到进一步开发。

1. 直播电商

完美嵌入电商平台,不仅可以边看边买,还可以与商家互动,针对穿衣、时尚、妆容等问题进行交流,同样也可以适合新品发布、特色推荐、模特展示,开创购物新视野。

2. 直播娱乐

娱乐直播开启了网红、趣味、生活直播新模式,满足不同用户的猎奇心理,送礼打赏,还能与主播互动。

3. 直播社交

社交平台不仅有丰富的用户也不缺乏素材,直播与社交结合能大限度利用平台资源,而且因为媒体的相关特性,可以有效实现直播、交友两不误。

4. 直播电竞

电子竞技火爆程度从游戏出现那一刻就没有停歇,完美融合电子竞技平台,直播玩家操作技巧、评论沟通,不仅是电子竞技的新领域,也是直播的新领域。

5. 直播教育

摒弃传统一对一辅导,线上在线教育,不仅可以传授知识,还能与教师、同学沟通,在线解决问题,满足数百万同时在线,高速无卡频,节约教育成本,还可以设置付费教学。

问题与实操

练习1 中国企业的商业模式分析

1. 活动目的

能准确分析不同企业的商业模式，并从中得到启发。

背景资料：竞争是商业活动中的永恒话题。二十年前比产品，谁有好的产品，谁就能成功；十年前比品牌和渠道，谁的品牌影响力大，谁的渠道终端广而有力，谁就能成功。今天的企业比拼的是什么呢？我们看到，现在是一个产品、价格、渠道、促销（营销4P）竞争激烈的时代，产品同质化、广告同质化、品牌同质化、促销同质化、渠道同质化、执行同质化等现象比比皆是，企业已经很难在营销4P中的某一项中脱颖而出，企业之间的竞争已经超越营销这一层级，进入到更高层面——商业活动的全系统。

2. 活动内容

（1）请对表4-2中的企业的商业模式进行分析。

表4-2 部分中国企业及其商业模式

公司名称	商业模式
京东商城	网上购物
途牛网	在线旅游服务
前程无忧	人才招聘网站
淘宝商城	网上购物
唯品会	特卖网站
呷哺呷哺	火锅店

（2）这些企业的商业模式对你有什么启发？

活动检测：活动结束后，教师可根据表4-3对学生针对各商业模式分析情况进行评分。

表4-3 商业模式分析情况评分

评分标准	满分	实际得分	备注
能准确理解商业模式的含义	20		
能准确分析各个企业的商业模式	20		
能找出各个企业商业模式的差异	20		
能从活动中获得启发	20		

续表

评分标准	满分	实际得分	备注
其他	20		
总分	100		

练习2 结合本模块内容,设计一份访谈提纲,找一家你身边的创业企业进行商业模式分析,要求如下:

①分析该企业的商业模式构成。
②认真准备和设计商业模式画布,问题可以来自本项目的主要知识点,分析该企业商业模式的9大要素及相互关系。
③重点关注该企业的商业模式的核心价值主张。
④搜集商业模式方面的执行情况,在搜集资料时,如需调研访谈则做好记录。
⑤实地调研结束后认真进行整理,对照访谈前预想的答案,看你发现了什么。

问题(1)结合以上访谈看一看你分析的商业模式,你觉得该企业的商业模式在哪些地方需要修改。_____

问题(2)如果你调研过该企业,请把令你印象最深的事件、发现、关键词等写在下面的空白处。_____

考核与评价

姓名		班级		得分
自我评价（30 分）	自我反思（总结本次任务的完成情况，掌握了哪些知识和技能，锻炼了哪些能力，收获了什么，自己的不足之处以及怎么提升等）			
同学评价（30 分）	团队互评（主要指在团队中的表现情况）			
教师评价（40 分）				
	总分（100 分）			

项目五

你选择好组织结构和法律形态了吗？

项目导读

小龙，21岁，是啤酒学院的酿造专业学生，专业技术不错，在校期间参加了大学生创新创业大赛并获取了创业扶持资金。精酿啤酒以其独特的风味、色泽、健康广受市场推崇和认可，其占比逐年呈上升趋势，市场前景较好。因此，小龙有了初步的创业想法，预备设立公司，该如何选择适合的组织结构和法律形态呢？

小龙准备在武汉市核心商业区开精酿酒馆，主打特色、个性、健康，主要面向20~40岁年轻白领群体。精酿酒馆创业风险较大，一是啤酒酿造机械化程度高，需要购置专用设备，固定资产投入大，创业成本较高。二是精酿啤酒以其个性化口味创建品牌，吸引客户，目标客户群体较小，市场风险较大。三是品牌核心竞争力在于产品的口味，对精酿师的手艺要求较高。小龙担心会创业失败，他选择和3名同学合伙创业，共同出资，共担风险。

由于项目为创业初期，企业规模较小，产品重技术，机械化程度比较高，产品需要对市场具有较快的反应速度，适合选择权力较为集中，责任分明，命令统一的组织结构。合伙成员中小龙作为唯一的精酿师，承担着企业的核心业务，负责啤酒的生产研发。小刘市场资源较好，头脑灵活，对市场有较敏锐的洞察力，负责企业的市场部分。小陈善于数据分析整理，负责企业的综合管理。小郑的组织协调能力较强，善于管理，担任店长，另招聘1名员工和2名兼职人员，负责日常的酒馆运营工作。为充分发挥各自专业特长，酒馆设立了生产研发部、综合部、市场部。生产研发部负责精酿啤酒的生产研发，市场部负责市场资源，综合部负责酒馆的日常管理运营。整个酒馆的管理幅度较大，呈扁平型结构，各职能部门为精酿啤酒生产提供辅助专业化服务，组织结构既有直线又有职能，为典型的直线职能制（U型）组织结构。

由于创业资金有限，企业规模小，经营风险大，4名创业者均只愿对企业的债务承担有限责任。为了尽快设立企业形态，简化设立流程，早点投入市场，他们选择有限责任公司形态。

知识目标	1. 了解企业组织结构的形式 2. 了解企业的法律形态的特点 3. 掌握企业组织结构的选择 4. 掌握企业法律形态的选择
能力目标	能运用不同企业组织结构和法律形态特点的比较，为自己的企业选择最合适的组织结构和法律形态
素质目标	1. 培养具有新时代特征的理性决策素质，在快速变化的市场环境中，能够结合国家发展战略，做出符合社会和经济发展需求的决策 2. 增强风险防范素质，不仅要关注商业风险，还要提高对国家政策导向的敏感度，确保企业活动与国家法律法规和政策环境相适应，促进可持续发展 3. 发展团队沟通和协作素质，鼓励在团队中树立集体主义精神，促进团队成员之间的相互支持和协作，共同为实现高质量发展和社会主义现代化建设贡献力量
教学重点	1. 创业者对组织结构的理解 2. 创业者对法律形态的选择
教学难点	如何结合实际情况选择适当的组织结构和法律形态
建议学时	4学时

创业名言

曹德旺（福耀玻璃集团创始人、董事长）：一个没有组织纪律的企业不会发展，一个不会发展的企业不是久留之地，一个不会提高的环境不值得留恋。逻辑不清晰的人或组织都要当心！

任务1　了解组织结构的概念

任务描述

常某，21岁，是电子学院的一名学生，专业技术不错，有了初步的创业点子，预备设立公司，他该如何选择适合创业者的组织结构呢？在本任务中，他将学习组织结构的基本概念，并探讨如何设计一个能够适应新时代发展要求的组织结构，以支持创新驱动发展和国家战略需求。

理论学习

知识点① 组织结构的基本概念

1. 组织结构的内涵

组织结构是为了完成组织目标而设计的，是组织内各构成要素以及它们之间的相互关系，是对组织复杂性、正规化和集权化的一种度量。它涉及管理幅度和管理层次的确定、机构设置、管理职能划分、管理职责和权限认定及组织成员之间的相互关系等。其本质是组织好员工协作的关系。

2. 组织结构的关键要素

（1）管理层次和管理幅度。管理层次表明企业组织结构纵向复杂程度，管理幅度表明上级直接领导的下级人数。二者成反比例关系。如扁平化的组织中管理层次少而管理幅度较大。

（2）部门的组合。企业中各部门的组合构成企业组织的横向结构。

（3）组织的运行机制。运行机制指控制程序、信息系统、奖惩机制等各种规范化的规章制度等。运行机制的确立有助于更清楚地向员工表达组织的要求和期望。

3. 影响组织结构的主要因素

包括组织战略、组织规模、组织环境、技术及权力控制方式等。市场经济中的组织结构形式是根据企业所处的外部环境及其构成要素来确定的，没有一种统一的模式，也没有一种组织结构形式可适用于任何组织。

4. 现代企业组织结构的构成

现代企业组织结构由企业治理结构、管理组织结构、生产运作组织结构和企业间组织结构四个子系统构成。

企业治理结构，是指为实现资源配置的有效性，所有者（股东）对公司的经营管理和绩效进行监督、激励、控制和协调的一整套制度安排,它反映了决定公司发展方向和业绩的各参与方之间的关系。典型的公司治理结构是由所有者、董事会和执行经理层等形成的一定的相互关系框架。根据国际惯例,规模较大的公司,其内部治理结构通常由股东会、董事会、经理层和监事会组成,它们依据法律赋予的权利、责任、利益相互分工,并相互制衡。

管理组织结构是组织的全体成员为实现组织目标,在管理工作中进行分工协作,在职务范围、责任、权利方面所形成的结构体系。组织结构是组织在职、责、权方面的动态结构体系,其本质是为实现组织战略目标而采取的一种分工协作体系,组织结构必须随着组织的重大战略调整而调整。

生产运作组织结构是指以什么样的基本形式来组织生产运作资源、设计生产运作系统。主要取决于企业产品的特点、运作技术、生产批量和标准化程度。

企业治理结构决定管理组织结构,同时管理组织结构影响企业治理结构。管理组织结构、生产运作组织结构和企业间组织结构三者互相影响、互相作用、互相适应。环境的变化、企业绩效的变化会促使四个子系统不断变革并保持一种动态平衡。

微课
创业团队核心
成员要离开怎么办

微课
如何鼓舞创业
团队成员的士气

工作手册

任务名称	了解组织结构	
团队成员		
任务实施关键点		
序号	实施步骤	实施策略
1	理解组织结构的定义	
2	概括组织结构的核心要素	
3	思考组织结构对企业的影响	
工作小结		

任务2　熟悉不同的组织结构形式

任务描述

常某在了解了组织结构的基本概念后，现在需要更深入地了解不同的组织结构形式。他该如何区分各种组织结构的优缺点，以便为他的创业公司选择最合适的组织结构呢？

理论学习

知识点②　组织结构的主要形式

1. 直线制

直线制是指上下级职权关系贯穿于组织的最高层到最低层，从而形成指挥链的组织结构（见图5-1）。在直线制组织结构中，管理者的职责与职权直接对应着组织目标。如比较小的企业不再设诸多部门，领导直接管理。特点：没有管理职能部门，企业依照由上到下的权利划分实施指挥，权力集中，责任分明，命令统一，控制严密，信息交流少。适用范围：劳动密集，机械化程度比较高、技术较为简单、业务单纯、规模较小的企业。

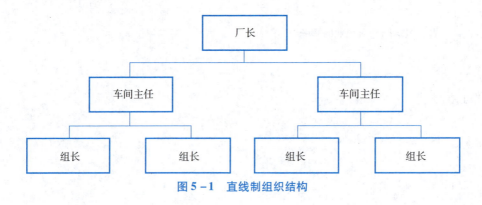

图5-1　直线制组织结构

2. 直线职能制（U型）

现代企业用得比较多的是公司总经理管几个直属部门，工厂有几个分厂，还有各个职能部门，有人力资源部、财务部、生产部、技术部等，既有直线又有职能（见图5-2）。特点：权力集中于高层，按专业分工设置管理职能部门，各部门在其业务范围内有权向下级发布命令，每一级组织既服从上级的指挥，也听从几个职能部门的指挥，权力集中，命令统一，信息交流多，控制严密。适用范围：劳动密集，重复劳动的大中型企业。

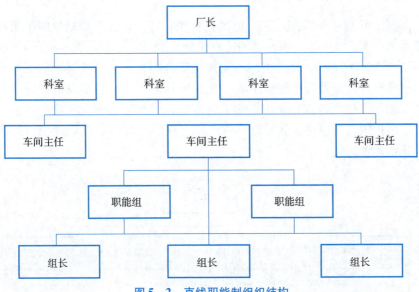

图 5-2　直线职能制组织结构

3. 矩阵制

矩阵制通常用于从事项目管理的企业。例如，研发型企业、软件公司、工程企业。矩阵制就是一方面服从项目的管理，一方面服从公司各个职能部门的管理，由纵横两套管理系统形成一种矩阵，横向和纵向的职权具有平衡对等性（见图5-3）。特点：组织可以满足环境的多重要求，机动性较强，集权和分权相结合，专业人员潜能得到发挥，能培养各种人才。适用范围：适应于环境高度不确定，目标反应了多重需求的情况，适合集权、分权优化组合，员工素质较高，技术复杂的企业，在中等规模和少量产品线高新技术企业中最为有效。

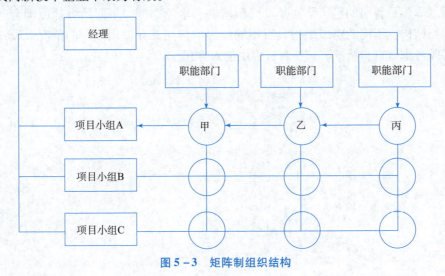

图 5-3　矩阵制组织结构

4. 事业部制（M 型）

事业部制（M 型）是按照产品、地区或者顾客划分，并依据划分的结果成为一些独立的事业部（见图 5-4）。事业部的特点是独立经营、核算，有自己的经营自主权。但是它不是法人，不是独立的公司，不能独立签合同，一定要获得公司的委托才能签合同。这样做有什么好处呢？使事业部有独立核算的压力。它本身是利润中心，自己承担产品的经营责任。特点：集中决策，分散经营，风险多元化，反应灵活，权力适当下放。适用范围：规模化企业经营单位，权力科学分配，双重职能权力与责任明确界定，考核指标多元化。

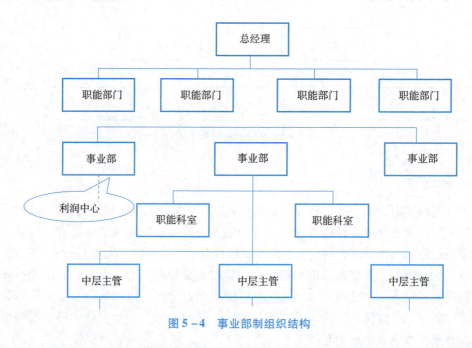

图 5-4 事业部制组织结构

最基本、最普遍的组织结构是直线职能制和事业部制。不同的设计原则会产生不同的组织结构，不同的组织结构具有不同的影响作用，并适用不同的情况，设计组织结构必须考虑好自身情况，切勿盲目引用他人方式。

工作手册

任务名称	熟悉不同的组织结构形式
团队成员	
任务实施关键点	

序号	实施步骤	实施策略
1	了解各种组织结构形式	
2	对比各种形式的优缺点	
3	选择一个形式，研究其应用案例	

工作小结

任务3　了解组织设计的工作步骤

任务描述

常某已经对不同的组织结构有了一定了解，现在他需要知道组织设计的具体步骤。他该如何系统地规划和设计他的创业公司的组织结构，以确保高效运营和发展呢？

理论学习

知识点③　组织设计的工作步骤

1. 工作岗位设计

工作岗位是根据专业化分工原则，按工作职能划分而成的工作职位。工作岗位是构成企业组织结构的基本单位。根据亚当·斯密的分工理论，专业化分工有利于提高技术水平，缩短作业时间，减少培训费用，也有利于提高机械化程度。换言之，合理的工作岗位设计，可以降低企业成本，提高工作效率和经济效益。分工的粗细会对企业员工的工作兴致造成影响，例如，过细的分工可能会使企业员工因工作单调而感到厌烦，同时也会增加内部协调的工作量，从而升高交往成本。因此，在进行工作岗位设计时，既要进行合理分工，又要适当扩展工作内容，使企业员工感到工作内容充实且具有一定的挑战性，从而激发工作兴趣。

2. 组织的部门化

组织部门化是指将组织中的活动按照一定的逻辑进行安排，划分为若干个管理单位的活动过程。部门化需把握几个基本原则，因事设职和因人设职相结合、分工与协作相结合、精简高效的部门设计原则。

划分业务部门的具体方法，在遵循组织设计原则，考虑各种影响因素的前提下，通常有按职能划分、按地域划分、按产品划分、按业务环节划分等。各企业可根据自己的特点来选择采用某一种，也可同时采用几种方法。需要注意的是，划分业务部门需要体现两个特征：一是使部门与部门之间具有较大的独立性；二是部门内部应相对具有较大的凝聚度。这样既有利于明确权责关系，又可以减少协调工作量。

3. 组织的层级化

组织的层级化是指组织在纵向结构设计中需要确定层级数目和有效管理幅度，需要根据组织集权化的要求，规定纵向各层级之间的权责关系，最终形成一个能对内外环境要求作出动态反应的有效组织结构形式。

（1）管理幅度与组织层级的互动性。

组织层级化设计的核心任务是确定完成任务需要设定的层级数目,而有效的管理幅度是决定组织中层级数目的最基本因素。

管理幅度,也称组织幅度,是指组织中上级主管能够直接有效地指挥和领导下属的数量。组织层级受到组织规模和组织幅度的影响,它与组织规模呈正比;在组织规模已确定的条件下,组织层级与组织幅度具有互动性,它与组织幅度呈反比,即上级直接领导的下属越多,组织层级也就越少,反之则越多。

组织层级与组织幅度的互动关系决定了两种基本的组织结构形态。一种是扁平式的组织结构形态,该结构层次少,信息传递速度快,高层能及时发现问题,从而采取相应的纠正措施,传递过程中失真少,管理幅度大,有利于发挥下属的主动性和创新精神。但是扁平式的组织结构形态也有缺点,它不能对下属进行充分有效的指导和监督,若有较多的下属同时提供信息,可能会存在重要、有价值的信息被淹没忽视的情况,影响信息的及时利用。另一种是锥型式的组织结构形态,该结构管理幅度少,指导比较具体,层级关系也比较紧密,有利于上下级关系的衔接,下级拥有较多的提升机会。锥型式的组织结构拥有过多的管理层次,可能会使各层主管感到自己的地位相对较小,从而影响其工作的积极性,同时容易使计划和控制工作过于复杂化。

(2)管理幅度设计的影响因素(见表5-1)。

表5-1　管理幅度设计的影响因素

影响因素	幅度小	幅度大
工作能力	素质能力一般	素质高、能力强
工作性质	上下级经常保持直接联系	无要求
工作内容	下属工作各不相同	下属工作相似
管理者及其下属的倾向性	严格管理和监督	下属独立性强
组织沟通的状况	组织沟通不畅	渠道畅通、控制技术有效
工作环境	多变	稳定

4. 组织层级化中的集权与分权

集权与分权是组织层级化设计中的两种相反的权力分配方式。集权是指决策指挥权在组织层级系统中较高层次上的集中。集权的特点包括:权力集中在高层、上级对下级的控制较多且一切行动服从上级指挥。如娃哈哈集团,经过了个人集权体制—制度集权体制—总部集权体制—四大中心体制的转变。集权的优点可以概括为目标与行动的一致性强,上级指挥方便、命令容易得到充分的贯彻执行,同时有利于集中力量应付各种突发状况。同时,集权也具有一定的缺点,如工作安排缺少弹性和灵活性,下级容易因此产生依赖思想,缺乏自主思考的能力,不愿意承担责任。

分权是指决策指挥权在组织层级系统中较低层次上的分散。影响组织分权程度的主要因素包括:组织规模的大小、政策的统一性、员工的数量和基本素质、组织的可控性以及组织所处的成长阶段。

组织层级化设计中的有效授权,可以对组织内部的权力进行一定程度的共享,上级把某些权力或职权授予下级，使下级拥有一定的自主权和行动权，可以增加企业员工的工作努力程度，同时下级负有报告责任，上级仍保留指挥权和监督权。

5. 规章制度制定与关系协调

良好的组织设计需要解决组织中各个部门、各个环节和各项活动之间的协调问题。一个组织通常由多个部门和个人组成，他们分布在不同的层级上，承担不同的工作任务，具有不同的权力和责任。在组织运行时，这些部门和个人之间会存在大量且复杂的关系，他们相互制约、相互依存。由于各种主客观原因，在组织运行中出现矛盾是难以避免的，而解决矛盾的有效办法，是通过制定各种规章制度来进行规范和协调。规章制度包括两个方面的内容：一是工作时必须遵守的原则、法则；二是工作的准则。通过制定规章制度，明确不同部门和不同工作岗位的权力和职责，有利于工作的推进，也便于衡量工作执行情况和开展监督检查。

工作手册

任务名称	掌握组织设计的工作步骤	
团队成员		
任务实施关键点		
序号	实施步骤	实施策略
1	学习组织设计的基本流程	
2	以一企业为例,实践操作组织设计	
3	总结组织设计过程中的经验	
工作小结		

任务4　认识企业法律形态及其特点

任务描述

在筹备创业公司的过程中，常某意识到选择合适的法律形态对公司的发展至关重要。他需要了解不同法律形态的特点和保护范围，以便为他的公司选择最合适的法律架构。他该如何进行这方面的研究呢？

理论学习

知识点④　企业的不同法律形态及其特点

企业的法律形态是指企业在法律规定下的基本类型，包括个体工商户、个人独资企业、有限责任公司、股份制公司、合伙企业等。这些形态不仅决定了企业的组织结构和运营方式，还直接影响着企业的管理、融资、税收等方面。

1. 独资型企业

独资型企业通常是指那些由一个自然人单独出资设立、独立拥有和控制、不具备法人资格的企业。它是所有企业组织形态中最古老、最简单的一种模式，因此，有时也被称为古典企业。

独资型企业的法律特征主要有以下几点：①独资型企业的投资主体是单一的自然人。②独资型企业本身不具有独立的法律主体资格，即法人资格。③独资型企业的财产虽然在账目上与其投资者的其他财产相区别，但在法律上其实是不能分离的。④独资型企业的投资者拥有对企业两权即所有权和经营权的完全控制，并独自享有全部的企业经营所得。⑤独资型企业的投资者通常独自承担企业的经营风险，并对企业的全部债务承担无限责任。

独资型企业由于其所具有的法律特征，因而在制度和结构上拥有一定的优势：①独资型企业设立、变更及解体的程序和步骤通常较为简单、方便。②独资型企业的投资者对企业的经营利润具有完全的独享性，所以，该类企业生产经营的积极性通常较高。③独资型企业的企业规模受其资金来源和资金规模的限制一般较小，且结构层次简单，所以，企业内信息反馈的速度和信息流通的速度较快。④独资型企业的两权通常都集中在企业主一人手中，因此，企业对需求变化和环境变化的决策应变能力较强。

独资型企业也具有自身的一些劣势：①独资型企业的资本来源较为单一，其规模扩张度有很大的局限性。②独资型企业在经营过程中的抗风险能力较差。③独资型企业对企业主个人的依赖性很强，通常会因为企业主的意外变故而中途夭折，所以，其寿命相对而言一般较短。

独资型企业自身所具有的特性决定了其适用的范围是那些规模要求不高、经营比较单一、经济活动比较简单的行业，如零售商业、饮食业及其他一些服务性行业和部分自由职业。

2. 合伙型企业

合伙型企业通常是指那些由各合伙人订立合伙协议，共同出资、共同经营、共享收益、共担风险，并对合伙企业债务承担无限连带责任的营利性组织。合伙型企业的产生是企业在资金、生产规模、生产工艺等因素上试图不断突破的结果，所以，与独资型企业相比，合伙型企业内部又增添了一层各合伙人之间的相互监督约束的关系。

从法律角度识别，合伙型企业具有以下一些特点：①合伙型企业的建立是以合伙协议为基础的。②合伙型企业是一种人合性质的经济共同体，其有效运作需以合伙人之间的彼此信任为前提。③合伙型企业一般不具有法人资格。④合伙型企业内部根据协议或合同对企业的经营利润实行分享。⑤合伙型企业的所有合伙人需共同承担企业的经营风险，并对企业的债务承担无限连带责任。

合伙型企业也有其自身的一些优点：①合伙型企业的创建、解散手续都比较简单。②合伙型企业与独资型企业相比，其资金来源更加充裕。③合伙型企业的资金与其经营能力的结合更加有效。

此外，合伙型企业也有其自身的缺点：①合伙型企业的资金规模虽有一定程度的扩大，但仍有局限性。②合伙型企业容易成为合伙人在经营决策上发生重大分歧或产生隔阂、矛盾时的牺牲品。

合伙型企业较注重合伙人的个人信誉和个人能力及责任感，所以，其适用于一些规模较小的服务行业，尤其是在各大事务所和咨询公司中，其效果十分显著。

3. 公司型企业

公司型企业通常是指那些由两个或两个以上出资者集资，依照法定条件和程序设立，具有独立人格的法人企业。根据《中华人民共和国公司法》的规定，公司型企业主要有两种表现形式：一是有限责任公司；二是股份有限公司。

有限责任公司亦称有限公司，是指由一定人数以上股东组成，股东以其出资额为限对公司承担责任，公司以其全部资产为限对其债务承担责任的公司。有限责任公司的主要特点是：①有限责任公司的股东人数一般都具有上限额度。在我国，有限责任公司必须由2人以上、50人以下的股东共同出资设立。②有限责任公司通常无法公开募集股份，也不能发行股票。股东在交付股金后，以出资证明书作为其出资的凭证。③有限责任公司股东的出资转让具有严格的限制，一般要经公司批准，并在公司登记。依据我国《公司法》的规定，股东在向股东以外的其他人转让其出资份额时，须经全体股东过半数同意；不同意者要出资购买转让的份额，若不购买，则视为同意转让。④有限责任公司具有非公开特性。有限责任公司的出资证明书不能参与市场交易，其经营业绩的好坏也不涉及社会上其他公众的利益，所以，公司的财务资料等无须向社会公开。⑤有限责任公司对注册资本的底线要求较低，其规模可大可小。⑥有限责任公司设立、变更、解散的程序较为简单，其管理机构也相对简单。有限责任公司的设立在我国采取的是准则主义原则，除了对一些特殊行业的经营限制外，其他只要符合法律规定的条件，就可登记设立，无须烦琐的审查批准程序。⑦有限责任公司的组织机构设置具有一定的灵活性。在有限责任公司中，股东会、董事会及监事会等组织机构的设置可根据企业规模的大小按需设置。⑧有限责任公司的出资方式具有一定的变通性。有限责任公司的股东可以选择以现金出资，也可以选择以实物、知识产权、专有技术等出资，且出资额可以是等额的，也可以是不等额的。⑨有限责任公司的股东对公司实有资本的锐减负有填补责任。在有限责任公司的运作过程中，如果发现其实际资产价值明显低于公司章程中已确定的价值，则股东们有责任将其弥补。

有限责任公司自身的特点决定了其较适用于一些中小规模的企业。这些小企业采用有限责任公司的形式后，不仅能使自身享有政府在各类政策倾斜上所给予的优惠，而且还可以享受到由法人资格所带来的益处。此外，有限责任公司这种组织模式还有利于企业内部财务资料的保密和企业经营的封闭性，所以，这种形式在国外十分流行。但总的来说，有限责任公司在总资本的筹集上仍无法与股份制公司相提并论，所以，其在经营地位上仍处于相对较弱的位置。也正因为此，中国的国有企业改革仍是以股份制企业为主要目标。

股份有限公司亦称股份公司，是指由一定人数以上股东组成，全部资本划分为等额股份，股东以其所持股份份额为限对公司承担责任，公司以其全部资产为限对公司的债务承担责任的公司。

股份有限公司的主要特点是：①股份有限公司的股东人数必须达到法定人数。我国《公司法》规定，股份有限公司的股东人数必须在5人以上。②股份有限公司的全部资本被划分为若干个等额股份，这是股份有限公司与有限责任公司最主要的区别。③股份有限公司的股份可以公开发行、募集，并能依法转让。股份有限公司可以通过向社会发行股票来筹集资本，股民则可以通过认购股票来取得相应的股权。股东虽然不能要求退股，但可以通过在交易市场中买卖股票而随时让渡股份。④股东以其所持股份为限对公司承担有限责任。⑤股份有限公司的公开募集涉及公众的经济利益，所以，其有责任向公众公开披露自身真实的财务状况。⑥股份有限公司的设立程序较为复杂。

股份有限公司与其他法律形态的组织形式相比，有着自身独特的优越性，具体表现为：①有效地扩展了资金来源和资金规模。股份有限公司这种法律形态的存在为企业筹集大规模的资本提供了可能，也使得社会中大量的闲散资本得到了有效运用，这对社会经济的进一步发展是有重要作用的。②股份的等额划分有利于股份有限公司分散投资风险。③股份有限公司这种法律形态有利于企业资本产权的社会化和公众化，有利于社会公众对其实行监督和约束。

股份有限公司也有其不足之处，具体表现为：①股份有限公司的设立、变更、解体程序非常复杂，并且要求十分严格。②股份有限公司所有权与经营权的高度分离，造就了公司内部复杂的信任托管关系和委托代理关系，并且对企业的内部人员控制机制及激励约束机制的制定提出了较大的挑战，所以，其管理成本相应较高。③公司经营业绩的公开性会使股份有限公司难以维护自身在运作过程中的一些秘密。

股份有限公司这种组织形态较适用于一些具有一定规模，所从事行业具有一定风险，对资金需求量较大，且其成长、扩张速度较快的企业。

项目五　你选择好组织结构和法律形态了吗?

工作手册

任务名称		认识企业不同的法律形态及其特点	
团队成员			
任务实施关键点			
序号	实施步骤		实施策略
1	了解各种法律形态		
2	对比各种法律形态的特点		
工作小结			

107

任务5　选择合适的法律形态

任务描述

经过对不同法律形态的研究，常某现在需要做出决策，为他的公司选定一个合适的法律形态。他该如何权衡各种因素，确保所选的法律形态既能满足当前的业务需求，又能为公司的长远发展提供保障呢？

理论学习

知识点⑤　选择合适的企业法律形态

创业者选择合适的法律形态时，要比较不同法律形态的特点，即业主数量和注册资本、成立条件、经营特征、利润分配和债务责任等，同时还要考虑不同因素与不同法律形态的适应性。

首先，需要考虑企业的规模和资金情况。如果企业规模小、资金有限，可以选择成立有限责任公司或合伙企业。这些企业形态成立简便、流程短、管理灵活，适合初创公司和中小型企业。其次，需要根据企业的市场需求和发展方向来选择。如果企业要在未来的10年内实现上市，可能需要选择股份制公司的形态。这种企业形态在法律上设立和清算更为严格，还需要满足一定的经济规模，但是也更适合进行资本运作。再次，需要考虑税收问题，如税务处理的便利程度、减税政策等。有些公司选择合资企业热衷于降低税收，但这种形态对双方准入标准要求较高，如来自不同国家的投资方必须按照所在国的法律设有代表处或分支机构。此外，还需要注意公司法、实体经济和贪污等问题。有效的企业法律形态应该是值得信赖的，为其他投资者或顾客提供必要的保障。

因此，创业者选择适合自己企业的法律形态要注意规模、资金、市场需求、税收问题、法律保障等，只有在全面考虑到自身情况后才能做出准确的选择。

工作手册

任务名称	选择合适的法律形态	
团队成员		
任务实施关键点		

序号	实施步骤	实施策略
1	回顾法律形态的特点	
2	根据创业需求，选择合适的法律形态	

工作小结

随堂练习

1. 矩阵式结构违反统一指挥原则,为什么还流行?

2. 如何确定管理幅度?

3. 分权如何进行控制?

4. 作为一名创业者,你预备选择何种法律形态?原因是什么?

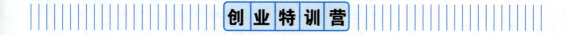

请设计组织部门并明确相应的权力与职责。填写表 5-2。

表 5-2 组织部门及其权力与职责

序号	部门名称	部门权力及职责
1		①部门权力 ②部门职责
2		①部门权力 ②部门职责
3		①部门权力 ②部门职责
4		①部门权力 ②部门职责
5		①部门权力 ②部门职责
6		①部门权力 ②部门职责

根据讨论的情况，填写会议纪要。

会议主题		会议时间	
参会人		主持人	

会议内容：

会议结论：

签名：

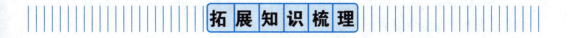

拓展知识梳理

1. 组织层级结构的变革趋势

为了适应企业外部环境和内部条件的变化，企业的组织结构也会不断的调整，当前企业组织结构的总体趋势呈现扁平化、柔性化、团队化、网络化、虚拟化等趋势，就大型商业企业而言，单一的组织形式已不能适应信息技术的发展和外部环境竞争的加剧，企业必须根据自己的实际情况决定组织结构形式。

（1）细化企业经营流程。

通过细化流程，优化程序，减少了不必要的环节，整合各分公司的资源，并做好相应的监督，才能确保执行力。好的组织结构使管理具有约束和监督，互相评价，便于考核，便于检查和落实，从而提高管理效率。

（2）组织结构网络化趋势。

当前信息技术的发展，特别是网络技术的发展，管理信息系统广泛应用在企业的管理中，企业的信息实现了更大范围的共享，员工和管理人员在角色上将更加平等，共享企业资源。在建设新的项目时，可以从各部门抽调专业的人员组成团队，完成工作根据需要进行重新分配，减少人员配备，降低工资成本。如在实现连锁化经营的过程中就从各部门抽调相应的管理人员进行筹建，做到资源共享。

（3）组织结构无边界化趋势。

在各职能部门之间建立充分、有效的合作和沟通，为企业整体目标而服务，因此组织结构的无边界化将成为一种趋势，目前商业企业分工越来越细致，无边界化理论把团队置于个人的前面，可以消除职能部门之间的障碍，此外把非核心模块外包给专业的公司，有利于提高企业的核心业务质量，提高企业的整体效率。

2. 企业的生命周期理论

企业的生命周期是指企业诞生、成长、壮大、衰退甚至死亡的过程。企业生命周期理论的研究目的就在于试图为处于不同生命周期阶段的企业找到能够与其特点相适应、并能不断促其发展延续的特定组织结构形式，使得企业可以从内部管理方面找到一个相对较优的模式来保持企业的发展能力，在每个生命周期阶段内充分发挥特色优势，进而延长企业的生命周期，帮助企业实现自身的可持续发展。

针对不同的周期应采取不同的战略，从而使企业的总体战略更具前瞻性、目标性和可操作性。依照企业偏离战略起点的程度，可将企业的总体战略划分为三种：发展型、稳定型和紧缩型。

（1）发展型战略，又称进攻型战略。

使企业在战略基础水平上向更高一级的目标发展，该战略宜选择在企业生命周期变化阶段的上升期和高峰期实施。

（2）稳定型战略，又称防御型战略。

使企业在战略期内所期望达到的经营状况基本保持在战略起点的范围和水平。该战略宜选择在企业生命周期变化阶段的平稳期实施。

（3）紧缩型战略，又称退却型战略。

它是指企业从战略基础水平往后收缩和撤退，且偏离战略起点较大的战略。该战略宜选择在企业生命周期变化阶段的低潮期实施。

问题与实操

练习一　你将如何设计组织层级结构以适应当前的变革趋势？

_____

_____

_____

练习二　在企业创立初期，你预备选择何种战略？你将采取哪些方法践行该战略？

填表说明：请在表5-3中填写你将选择的战略，并在对应框格中说明你践行该战略的计划。

表5-3　践行战略计划

你选择的战略名称：		
序号	时点	计划
1		
2		
3		
4		
5		
6		

考核与评价

姓名		班级		得分
自我评价 (30 分)	自我反思（总结本次任务的完成情况，掌握了哪些知识和技能，锻炼了哪些能力，收获了什么，自己的不足之处以及怎么提升等）			
同学评价 (30 分)	团队互评（主要指在团队中的表现情况）			
教师评价 (40 分)				
	总分 (100 分)			

项目六

你准备投多少资金呢？

项目导读

小龙经过前期准备工作，与其他创业者选择了直线职能制（U型）组织结构，设立有限责任公司法律形态，但面对不同出资形式的合作伙伴，他自己该选择何种资金渠道，投入多少资金呢？又该如何规划创业资金，如何对股权进行分配呢？

精酿酒馆创业资金预算较高，主要体现在设备购置、房屋装修、房租上。为了节省开支，尽快筹集到启动阶段的资金，解决短暂的资金需求，小龙他们准备购置二手设备，且只对酒馆进行部分装修，待酒馆正式营业后，再根据市场反应进行剩余部分装修。经过充分市场调研，创业成本（经营设备购置、房租、房屋装修费用、商业注册等）及3个月的经营周转资金（人员工资、水电费、材料成本及其他杂费）所需的预算为120万元。小龙作为唯一的酿酒师，他以技术和在校期间获取的40万元的创业扶持资金入股。小刘以其资源和可实现的创意作价入股，小陈以其在校期间创业所得的12万元及父母支持的20万元入股，小郑通过向亲属朋友借贷及自身积累的资金48万元入股。创业资金未经过银行等金融机构，是永久性的资本，融资的风险较小，均为自筹资金。120万元自筹资金能够保证创业初期酒馆3个月的正常生产需要及经营管理活动需要，无须向金融机构进行借贷，没有融资费用。

创业资金主要用于房租28万元，二手设备购置25万元，酒馆装修20万元，人工12万元，酒水等材料投入10万元，其他前期投入5万元，流动资金20万元用于维持酒馆日常运转。由于酒馆是创业初期，资金有限，他们只是通过公众号、短视频和发传单等方式进行宣传，宣传费用较低，尽量保证资金正常流转。在定价方面，由于精酿啤酒的独特性，对精酿师水平要求较高，其市场利润率为72%左右。精酿酒馆主打时尚、个性、健康，针对具有一定消费能力的白领群体，其利润率定为75%，能够在实现盈利的同时保持产品的周转率，满足酒馆的资本积累及日后的扩张需求。根据武汉市关于毕业生留汉就业创业的政策规定，精酿酒馆（小微企业）可享受创业担保贷款额度50万元。酒馆年经营成本为45万元，后期根据酒馆的发展情况，会在申请创业担保贷款后，逐步引入债权融资，以满足日后经营的资金需求。

精酿啤酒市场变化较快，为了保证酒馆股权结构的稳定，拥有较高的决策效率，4名创始人共同享有精酿酒馆90%的股份，保证了核心创始人对酒馆的控制权。预留10%作为吸引人才、激励员工的股权奖励，以满足精酿酒馆未来发展的需要。在分配90%股权时，按照创始人对精酿酒馆的要素投入进行股权分配，其中小龙以技术作价入股享有10%股份和出资享有25%股份，小刘以其资源和可实现的创意作价入股享有5%股份，其他人员（小陈、小郑）以其出资份额分别享有20%、30%的股份。避免了均分的股权结构，以保证精酿酒馆的稳定发展。为了强化团队稳定性，保障创始团队成员能够长期为酒馆服务，在初创时期精酿酒馆就建立了股权分期兑现机制及创始人退出股权处理机制。约定创始人第一年享有所拥有股权的30%，连续两年酒馆实现利润正增长可兑现所拥有股权的30%，此后每年盈利即可兑现所拥有的股权的10%，直到兑现结束。在股权兑现期间，创始人可以行使全部股权（包括未兑现）投票权或分红权等，如果提前退股，则其未兑现的股权由其他创始人按照成本价和当前市价的低者进行回购。

知识目标	1. 了解创业资金的来源渠道 2. 掌握创业资金的用途和规划 3. 掌握初创合伙的股权分配逻辑
能力目标	能结合创业团队前期准备工作的开展情况，选择合适的创业资金来源，确定合适的创业资金额度，制定合理的创业资金规划
素质目标	1. 具备资金规划意识 2. 具备财务风险管理素养
教学重点	1. 介绍并分析各种创业资金来源渠道的优缺点 2. 创业资金预算的制定过程及关键要素 3. 企业中股权分配的公平性和激励性
教学难点	1. 根据具体创业项目选择合适的资金来源 2. 资金预算中如何平衡资金需求和成本控制 3. 企业中股权分配的复杂性和动态调整策略
建议学时	4学时

王传福（比亚迪股份有限公司董事长兼总裁）：一些不懂技术的企业家以为我们在豪赌，一些不懂市场又不懂技术的投资家也认为我们在豪赌，其实我胆子很小，我根本不会去豪赌。

任务1 了解创业资金来源与融资渠道

任务描述

常某,21岁,是电子学院的一名学生,专业技术不错,经过前期准备工作,预备与其他创业者合伙设立公司,面对不同出资形式的合作伙伴,他自己该选择何种资金渠道,投入多少资金呢?

理论学习

知识点① 创业资金的来源渠道

1. 创业资金的概念和来源

创业资金是指创业者进行创业时,全部的资本投入。包括创业者能力提高的就业培训、商业注册、店铺租赁与装修、展示商品所需资金以及数量不等的流动资金。创业资金的来源可以分为两个方面:一是自筹资金,包括自己的储蓄或者向亲属朋友借贷所得资金;二是社会筹资,通过提供高价值的固定抵押物,向银行等金融机构贷款,或者通过熟人或网络向非正式金融机构借贷。

2. 创业融资的渠道

融资,狭义上来说是指一个企业筹集资金的行为与过程,也就是企业根据自身生产经营状况、资金拥有状况、未来经营发展的需要等,通过科学的预测和决策,采用一定的方式,从一定的渠道向企业的投资者或债权人去筹集资金,并组织资金的供应,以保证正常生产需要以及经营管理活动需要的理财行为。而广义的融资也叫金融,就是货币资金的融通,是当事人通过各种方式到金融市场上筹措或寻求贷放资金的行为。

融资渠道是指筹集资金来源的方向与通道,体现了资本来源与流量,属于资本供给的范围。从我国现实情况来划分,创业融资的渠道主要有以下几种:

(1) 股权融资与债权融资。

创业融资活动按照资本的来源和方式,可以分为股权融资和债权融资。股权融资也是所有权融资,是公司向股东筹集资金,是公司创办或增资扩股采取的融资方式。股权融资获得的资金就是公司的股本,由于它代表着对公司的所有权,故称所有权资金,是公司权益资金或权益资本的主要构成部分。发行股权融资使大量的社会闲散资金被公司所筹集,并且能够在公司存续期间被公司所运用。债权融资是指企业通过借钱的方式进行融资,债权融资所获得的资金,企业首先要承担资金的利息,另外在借款到期后要向债权人偿还资金的本金。债权融资的特点决定了其用途主要是解决企业运营资金短缺的问题,而不是用于资本项下的开支。

股权融资与债权融资的风险不同，股权融资的风险通常小于债权融资，股票投资者看中的是企业的盈利能力，企业没有固定付息的压力，也没有债权融资的借贷到期压力，债权融资则必须承担按期付息和到期还本的义务，当公司经营不善时，有可能面临巨大的付息和还债压力，导致资金链破裂而破产，因此，企业发行债券面临的财务风险高。股权融资与债权融资的成本不同，从理论上讲，股权融资的成本高于债权融资，从投资者的角度来看，股权融资具有高风险性，所以要求的回报率也会更高。从股权融资公司的角度来看，出让的股权在企业顺利发展的前提下有着极高的升值空间，因此，股权融资的成本一般要高于债权融资成本。股权融资与债权融资对控制权的影响不同，债权融资虽然会增加企业的财务风险能力，但它不会削减股东对企业的控制权力，如果选择股权融资的方式进行融资，现有的股东的股权会被稀释。因此，对发展良好的企业一般不愿意进行股权融资。股权融资与债权融资对企业的作用不同，股权融资对企业来说是获得永久性的资本，能更好地帮助企业抵御风险，另外资本增加有利于增加公司的信用价值，增强公司的信誉，可以为企业发行更多的债权融资提供强有力的支持。

（2）内部融资和外部融资。

创业的全部融资按资本来源的范围，可以划分为内部融资和外部融资两种类型。内部融资是指创业者自己、朋友或家庭通过原始积累形成的资本来源，一般无须花费融资费用。外部融资是指在内部融资不能满足需要时，向上述人际圈之外融资而形成的资本来源。对于很有发展潜力的创业项目来讲，内部融资往往难以满足需要，创业者就需要开展外部融资。外部融资大多需要花费融资费用，创业者应在充分利用了内部融资之后，再考虑外部融资的问题。

（3）直接融资和间接融资。

创业融资活动按其是否以金融机构为媒介，可以划分为直接融资和间接融资。直接融资是指创业者不经过银行等金融机构，而直接与资本供应者协商借贷或直接发行股票、债券等筹集资本的活动。间接融资是指创业者借助银行等金融机构发挥中介作用，预先聚集资本，然后提供给融资企业。间接融资的基本方式是向银行贷款，此外还有向非银行金融机构借款、融资租赁等。

微课
创业项目一定要寻求投资吗

微课
如何识别投资人口碑

微课
什么时候拿融资是好时机

情景剧
要不要去谈点融资

情景剧
哪里去约靠谱的投资人

项目六　你准备投多少资金呢？

工作手册

任务名称	学会有效筹集创业资金	
团队成员		
任务实施关键点		
序号	实施步骤	实施策略
1	了解创业资金的概念	
2	探索创业融资的渠道	
3	制定融资计划	
工作小结		

121

任务2　了解创业资金预算的相关概念

◎ 任务描述

在确定资金来源后，常某需要制定一份详细的创业资金预算。他需要根据项目的具体需求，做出创业资金的用途和规划。

◎ 理论学习

知识点②　创业资金预算

1. 创业资金的用途

（1）创业成本。又称启动资金，包括创业项目本身的费用，如学习购买技术的费用、考察加盟费用等。还包括经营设备、工具等购置费用，房租、房屋装修费用以及商业注册等其他费用。

（2）经营周转资金。包括人员薪水、水电费、材料成本及其他杂费。

2. 创业资金的规划

资金规划的目的是获得实现公司发展所需的必要资金，调整公司发展计划和可能筹措来的资金之间的关系。刚开始创业的公司，由于资金不足，销售计划和生产系统的规模经常受到限制。创业者除了把有限的资金用在最重要的地方，还必须为了追加贷款而与银行等信贷部门建立起良好的信赖关系。为此，制定一项缜密的资金计划并一丝不苟的实施是非常必要的。

创业公司的资金计划包括两个方面：资金募集和资金使用。资金募集，简单来说，就是钱怎么进来的问题；资金使用，则是钱如何花出去的问题。这两个方面，一出一进，其成效如何，往往就可以直接决定一个公司的命运。

由于初创公司往往发展迅速，每到一个发展阶段，就会有较大的"动作"，所以资金的募集也往往是阶段式、分批计划的。在撰写商业计划书的时候，往往以3年至5年为一个谋划周期，资金募集上也要以此为时间周期，写明在每一个重要的公司发展阶段，应该需要多少资金来支持公司的发展。

不管是本着对市场的敬畏和对消费者的尊重，还是对成本的预控，在创业初期，所有创业者都应该要求自己"精益创业"。特别是针对早期创业公司来说，"小步快跑"要远比"用力大步"来得快速和有效。在创业早期，不管是产品投放还是业务开展，都建议小规模试错，然后结合反馈来更新产品和业务，等待运作成熟后，才正式投放市场。即使创业公司拥有比较强的核心竞争力或资源，依旧不建议在初期高举高打。

创业早期对未来3个月成本的估算,主要是为了筹集启动阶段的资金,解决短暂的资金需求。事实上,从初始净资本投入到实现盈利,往往还要经历12~42个月不等甚至长达5年的时间。一般的创业者,很容易忽视资金问题上的会计成本,有可能导致将来出现财务危机。创业者虽然满腔创业热忱,但如果缺乏理性思考和周全的计划,认为赚钱非常容易,在计划上低估了会计成本,将会给企业带来很大危险,那会给创业者带来运营上的周转不灵,资金不够用。所以,一定要恰如其分地计算出会计成本,之后就不能随意改动。也不能把成本弄得过大,因为创业初期赚钱较难,成本太大,使得收回本金的机会减少,打击创业者信心。为避免发生资金周转困难的现象,最好是珍惜手上的现金,尽量保存。如果不是非常必要,那么能租房子与设备就不要花巨资购买。这就是为什么有些创业者,明知房地产即将升值,在创业之初也宁可租用办公室而不是购买写字楼。不要为了表明自己有实力而大量购买设备,尽量多留出现金作为创业的储备力量。另外,在宣传费用上面,一定要慎重,宣传虽有必要,但企业真正成功并不靠它,所以在创业之初不要花大量的钱搞宣传,以致拖垮企业,要知道,宣传费用产生实际效益是要花很长时间的,所以,宣传只要到位就行,不能影响到资金的流转。

创业者通常容易在计算毛利上犯两个较极端的错误。第一种就是对自己的产品没有信心,害怕与人竞争,将毛利定得很低,很可能出现商品卖光却无利可图的现象。另一种就是由于不了解市场规律,希图赚得越多越好,将毛利定得很高,导致商品卖不出去,形成积压,由于没有生意,利润也就无从谈起。因此,要恰当地掌握好自己的收支平衡点,对自己的资金支出与收入有较清醒的认识,这样才能确定较为合理的利润率,使自己的生意一帆风顺,保持资金流转畅通,让创业成功的机会大大增加。

微课

创业者容易漏算哪些成本

微课

如何理解常见的财务报表

工作手册

任务名称	合理规划创业资金预算	
团队成员		
任务实施关键点		
序号	实施步骤	实施策略
1	明确资金需求	
2	制定资金募集计划	
3	编制资金使用计划	
工作小结		

任务3　了解初创合伙的股权分配逻辑

任务描述

常某计划与其他创业者合伙设立公司,面对不同出资形式的合作伙伴,他需要设计一套合理的股权分配方案。在这个方案中,常某需要综合考虑资金投入、技术投入、管理投入、市场开拓能力等多个因素,确保每位合伙人的利益得到公平合理的分配。他如何对股权进行分配呢?

理论学习

知识点③　初创合伙的股权分配逻辑

微课 为什么投资人希望公司创始人要占大股

微课 大学生初创公司股权分配要注意避免的五个坑

情景剧 亲兄弟明算账

1. 股权分配常规

合理的股权架构,一方面应保证核心创始人对公司的控制权、保证公司股权结构的稳定;另一方面,也应从长远角度考虑,预留股权以吸引有能力的人才、激励核心员工,并提前约定股权兑现、创始人退出时的股权处理机制;还应当考虑后续融资对股权的稀释,处理好与投资人的股权分配问题。

(1) 保证核心创始人的控制权。

新经济领域市场瞬息万变,这要求初创公司有更高的决策效率,因此,初创公司应当有一位在关键时刻能拍板的核心创始人,作为企业的决策核心与领导人物。

对于这位核心创始人,应当通过合理的股权架构设计,使其保持对公司的控制力(在创立初期应该持有最多的股份),这样才能在初创公司中掌握话语权,主导公司的健康发展。

(2) 调动各方资源为核心创始人所用。

初创公司的股权分配,另一个关键是通过股权分配帮助公司获取更多资源,帮助核心创始人找到有能力的创始团队成员、能为公司提供资金与资源的投资人,同时让创始团队成员、员工感受到股权的价值,调动其为公司服务的积极性。

(3) 动态调整股权,吸引人才,淘汰庸才。

初创公司处于高速发展、不断调整的状态,因此股权架构应预留一定调整空间和灵活性,以便根据创始团队成员、员工实际贡献对其持有的股权进行调整。创业中途创始团队成员、员工因各种原因退出公司是很常见的情况,因此在创立之初,创始团队就应明确如何处理退出创始人和离职员工持有的股权。

2. 股权分配方法

(1) 量化投入要素。

传统企业中,按照创始人提供的资金、技术、场地进行股权分配是最为常见的方式,但是对于初创新经济公司,由于商业模式与传统企业相比已发生较大变化,除现金、技术出资,对于提供了可落地执行创意的创始人,也应给予一定的股权。全职在公司工作的创始人，也应比兼职的创始人获得更多的股权。

初创公司分配股权时，可以将创始人对公司的投入要素，如资金、场地、知识产权、可实现的创意、工作时间、资源、信誉与创业经验、核心创始人的身份等，按照市场价值进行估值，对每个创始人的贡献进行量化，然后根据其在所有要素总价值的占比，进行股权比例的分配。其中，不可忽略的一点是，需要给予核心创始人单独一份"创始人身份股"，通常该份额为20%~25%，以保证核心创始人在公司初创时对公司享有控制权。

（2）避免均分的股权结构。

合理的股权架构有利于公司的稳定发展，相反，如果公司股权分散或创始人之间股权比例过于接近，则可能在创始人意见不合时无法解决分歧，拖延决策过程，甚至导致公司陷入僵局，最终错失发展良机。

根据我国公司法的规定，对于在股东会决议的一般事项，持有1/2以上表决权的股东通过即可，但对于特定重大事项的决策，如修改公司章程、增加或减少注册资本、公司合并分立解散或变更形式等，必须由股东会超过2/3表决权同意才可以生效。

因此，股权结构中首先必须要避免的便是平分股权50%（或三人合伙时每人持股33.3%），这种股权分配比例看似平衡，实际上是最不稳定的股权结构，这会导致任何一个决定都需要所有创始人都通过方能生效，有一个人不同意都不能生效，极大地增加了公司的决策成本，尤其是当创始人之间存在意见分歧之时，它对公司发展的伤害是致命的。

（3）股权可动态调整。

初创合伙企业，可以预留用于未来引进新核心团队、员工激励的股权。初创公司发展过程中，需要引进新的核心团队，补足现有创始人、创始团队的短板，为公司注入创新与发展的动力。给予这些新的核心团队成员股权，则有助于体现公司的诚意，提高吸引力。因此，初创公司最好在创立时便先预留部分股权用于未来吸引新的核心团队加入公司，或者提前约定届时所有创始人同比例让渡股权给引进的新的团队成员，避免届时因股权减少或稀释导致核心创始人失去控制权地位。预留的股权可先由核心创始人持有，以进一步增强核心创始人地位。同时，设立员工股权激励制度，将员工自身利益与公司利益进行绑定，有助于激发员工积极性，也有助于公司留住核心员工。然而，员工股权激励的股权来源是公司增发股权或创始人转让股权，无论是哪一种形式，都会导致创始人股权被稀释。因此，建议初创公司可以在创立之初即预留10%~20%的股权用于员工股权激励，或者提前约定届时所有创始人（和投资人）同比例让渡股权。预留的股权先由核心创始人代持，表决权也由核心创始人行使，以增强核心创始人的控制权。

另一方面，初创合伙企业可以建立股权分期兑现的机制。创始人虽然已分配到一定股权，但该部分股权将在接下来的一定时间内或满足一定目标后逐步兑现。在满足约定的年限或目标前，如果某一个创始人提前离开公司，则其无法获得全部的股权，只能获得已兑现的部分，剩下未兑现的股权则由核心创始人或者其他未退出的创始人按照事先约定的价格（通常为成本价和当前市价的低者）回购。建立股权分期兑现的机制有利于强化团队稳定性，保障创始团队成员能够长期为公司服务，因创始团队成员离职而回收的股权也为将来吸引更好的人才打下了基础。同时，创始团队可以约定，股权兑现期间，创始人可以行使全部股权（不管是否已兑现）投票权、分红权等，以提高创始团队成员的积极性。

工作手册

任务名称	合理分配初创合伙企业股权	
团队成员		
任务实施关键点		
序号	实施步骤	实施策略
1	确定核心创始人的控制权	
2	量化投入要素并分配股权	
3	设计合理的股权结构	
工作小结		

随堂练习

1. 股权融资和债权融资有什么区别？

   _____
   _____
   _____

2. 创业资金规划应避免哪些问题？

   _____
   _____
   _____

3. 你倾向于何种创业资金来源渠道？

   _____
   _____
   _____

   主要理由：

   _____
   _____
   _____

4. 如果你有 50 万元创业资金，你将如何进行资金规划？

   _____
   _____
   _____
   _____

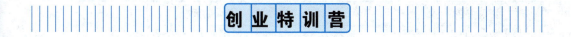

创业特训营

请填写团队成员创业资金的来源情况及额度（见表6-1）。

表6-1 团队成员创业资金的来源情况及额度

序号	成员姓名	概况描述
1		①创业资金来源 ②额度
2		①创业资金来源 ②额度
3		①创业资金来源 ②额度
4		①创业资金来源 ②额度
5		①创业资金来源 ②额度
6		①创业资金来源 ②额度

根据讨论的情况，填写会议纪要。

会议主题		会议时间	
参会人		主持人	
会议内容：			
会议结论：			
签名：			

拓展知识梳理

1. 国家对大学生创业的资金扶持

（1）税费减免。大中专院校毕业生从事个体经营，且毕业两年内在工商部门注册登记，自其首次注册登记之日起，三年内免收登记类等行政事业性收费。

（2）免费创业培训。免费为广大创业者提供创业知识培训，主要内容包括创业意识培养、创业计划培训、如何选择项目、寻找场地、办理证件、筹措资金、筹划开业等一系列培训。

（3）小额贷款贴息。对大学生从事个体经营的可一次性给予十万元以内的贷款，对自谋职业、自主创业或合作创业经营的实体最高可一次性贷款五十万元，并按国家小额担保贷款贴息政策给予贴息。

（4）加大对大学生创业基地的扶持。对政府部门授牌的高校毕业生创业促就业示范基地给予最高不超过十万元的补贴，主要用于支持创业示范基地基础设施建设，具体补贴金额将视基地内进驻企业规模和数量、带动就业情况、利税贡献、社会影响以及服务企业情况等因素确定。

（5）提供创业指导。成立市创业指导服务中心，负责全市的创业服务和指导。

注：详细扶持补贴政策以各地人社部门最新发布情况为准。

2. 财务报表

（1）资产负债表。

资产负债表根据资产、负债、所有者权益之间的勾稽关系，按照一定的分类标准和顺序，把企业一定日期的资产、负债和所有者权益各项目予以适当排列。它反映的是企业资产、负债、所有者权益的总体规模和结构。

资产负债表的编制原理是"资产＝负债＋所有者权益"会计恒等式。它既是一张平衡报表，反映资产总计（左方）与负债及所有者权益总计（右方）相等；又是一张静态报表，反映企业在某一时点的财务状况，如月末或年末。通过在资产负债表上设立"年初数"和"期末数"栏，也能反映出企业财务状况的变动情况。

①资产。

资产负债表中的资产反映由过去的交易、事项形成并由企业在某一特定日期所拥有或控制的、预期会给企业带来经济利益的资源。资产应当按照流动资产和非流动资产两大类别在资产负债表中列示，在流动资产和非流动资产类别下进一步按性质分项列示。

流动资产是预计在一个正常营业周期中变现、出售或耗用，或者主要为交易目的而持有，或者预计在资产负债表日起一年内（含一年）变现的资产，或者自资产负债表日起一年内交换其他资产或清偿负债的能力不受限制的现金或现金等价物。

资产负债表中列示的流动资产项目通常包括货币资金、交易性金融资产、应收票据、应收账款、预付款项、应收利息、应收股利、其他应收款、存货和一年内到期的非流动资产等。

非流动资产是流动资产以外的资产。资产负债表中列示的非流动资产项目通常包括长期股权投资、固定资产、在建工程、工程物资、固定资产清理、无形资产、开发支出、长期待摊费用以及其他非流动资产等。

②负债。

资产负债表中的负债反映在某一特定日期企业所承担的、预期会导致经济利益流出企业的现时义务。负债应当按照流动负债和非流动负债在资产负债表中进行列示，在流动负债和非流动负债类别下再进一步按性质分项列示。

流动负债是预计在一个正常营业周期中清偿，或者主要为交易目的而持有，或者自资产负债表日起一年内（含一年）到期应予以清偿，或者企业无权自主地将清偿推迟至资产负债表日后一年以上的负债。资产负债表中列示的流动负债项目通常包括短期借款、应付票据、应付账款、预收款项、应付职工薪酬、应交税费、应付利息、应付股利、其他应付款、一年内到期的非流动负债等。

非流动负债是流动负债以外的负债。非流动负债项目通常包括长期借款、应付债券和其他非流动负债等。

③所有者权益。

资产负债表中的所有者权益是企业资产扣除负债后的剩余权益，反映企业在某一特定日期股东（投资者）拥有的净资产的总额，它一般按照实收资本、资本公积、盈余公积和未分配利润分项列示。

（2）现金流量表。

现金流量表是反映一定时期内（如月度、季度或年度）企业经营活动、投资活动和筹资活动对其现金及现金等价物所产生影响的财务报表。现金流量表是原先财务状况变动表或者资金流动状况表的替代物。它详细描述了由公司的经营、投资与筹资活动所产生的现金流，其组成内容与资产负债表和损益表相一致。通过现金流量表，可以概括反映经营活动、投资活动和筹资活动对企业现金流入流出的影响，对于评价企业的实现利润、财务状况及财务管理，要比传统的损益表提供更好的基础。

（3）利润表。

利润表是反映企业一定会计期间（如月度、季度、半年度或年度）生产经营成果的会计报表。企业一定会计期间的经营成果既可能表现为盈利，也可能表现为亏损，因此，利润表也被称为损益表。它全面揭示了企业在某一特定时期实现的各种收入、发生的各种费用、成本或支出，以及企业实现的利润或发生的亏损情况。

利润表是根据"收入-费用=利润"的基本关系来编制的，其具体内容取决于收入、费用、利润等会计要素及其内容，利润表项目是收入、费用和利润要素内容的具体体现。从反映企业经营资金运动的角度看，它是一种反映企业经营资金动态表现的报表，主要提供有关企业经营成果方面的信息，属于动态会计报表。

计算利润时，企业应以收入为起点，计算出当期的利润总额和净利润额。其利润总额和净利润额形成的计算步骤为：

①以主营业务收入减去主营业务成本、主营业务税金及附加，计算主营业务利润，目的是考核企业主营业务的获利能力。

主营业务利润＝主营业务收入－主营业务成本－主营业务税金及附加

②从主营业务利润和其他业务利润中减去管理费用、营业费用和财务费用，计算出企业的营业利润，目的是考核企业生产经营活动的获利能力。

营业利润＝主营业务利润＋其他业务利润－管理费用－营业费用－财务费用

③在营业利润的基础上，加上投资净收益、补贴收入、营业外收支净额，计算出当期利润总额，目的是考核企业的综合获利能力。

利润总额＝营业利润＋投资净收益＋营业外收支净额＋补贴收入

其中，投资净收益＝投资收益－投资损失，营业外收支净额＝营业外收入－营业外支出

④在利润总额的基础上，减去所得税，计算出当期净利润额，目的是考核企业最终获利能力。

问题与实操

练习一 通过查询课外资料，分享你创业所在地的政府扶持政策。

_____
_____
_____
_____

练习二 编制预计利润表。

填表说明：预计利润表是用来反映企业未来的经营情况和利润状况的财务报表，包括预期收入和支出、利润水平、资金流入和流出、净利润状况等内容。请根据你的初创企业资金规划情况，在表6-2中填写预估创业第一年的利润情况。

表6-2 预估创业第一年的利润情况

项目	金额
销售收入	
销售成本	
毛利	
销售及管理费用	
利息	
总利润	
所得税	
净利润	

项目六　你准备投多少资金呢?

考核与评价

姓名		班级		得分
自我评价 （30分）	自我反思（总结本次任务的完成情况，掌握了哪些知识和技能，锻炼了哪些能力，收获了什么，自己的不足之处以及怎么提升等）			
同学评价 （30分）	团队互评（主要指在团队中的表现情况）			
教师评价 （40分）				
	总分 （100分）			

项目七

你防范风险了吗？

项目导读

  黄某等4人，均为苏州某大学艺术设计专业2018级学生，合伙创办一家名为"国风书画"的书画室，主要从事美术类高考考生的培训，幼儿园、小学等书画作品辅导等。

  2021年，黄某等人在校期间参加了学校的创业计划大赛，激发了他们的创业热情。2022年毕业后，他和同学商量创办书画室，准备进行真实的创业。他的这一想法得到了其他3位同学的响应，通过商议，黄某出资20 000元，其他人每人出资10 000元。同年7月，正式创办"国风书画"书画室。在后来的经营当中，有1名同学因为自身经济困难而撤资，其他3人继续维持经营。经营的3名同学根据自身特点和专业特长，分块负责画室的各项业务；店面的营业人员由3名同学轮流充当。由于关系良好，平常的工作量和业绩并不直接与利益挂钩，而采取平均分配利润的方式。公司营业一年多来，业绩尚可，已收回投资，并于2023年6月开始盈利，当然，这没有计算3名同学的人力投资。在经营中，画室成员发现自身存在很多不足，于是有意识地参加了一些管理知识和专业技能的培训，画室承担部分培训费用。现在画室准备搬迁至学校较多的新区域，但存在资金短缺的问题。

  本项目要求学生了解创业风险的来源，学会识别、分析创业中的风险，掌握如何防范风险，有哪些具体的措施，并要求学生撰写一份创业风险分析报告。

知识目标	1. 了解创业风险的来源 2. 掌握创业风险的识别 3. 掌握防范风险的措施
能力目标	能针对不同的风险制定不同的防范措施,降低风险的发生概率
素质目标	1. 深刻把握全面建成社会主义现代化强国总的战略安排 2. 明确创业企业自身的发展方向和目标,确保与国家的战略目标保持一致 3. 理性认识创业风险,培养识别风险能力并掌握风险防范措施
教学重点	1. 创业风险的识别 2. 创业风险防范的措施
教学难点	准确的识别创业风险,并给出应对的防范措施
建议学时	8~10学时

任正非(华为技术有限公司董事):春天来了,冬天同样不会远。在春天,就要想着冬天的问题。十多年来,我天天思考的都是失败,对成功视若无睹,和荣誉感、自豪感相比,我更看重的是危机感。

任务 1　了解创业风险的来源

任务描述

观看陈可辛导演的电影《中国合伙人》，分析"新梦想"从创始到上市遇到了哪些风险？

理论学习

知识点① 掌握创业风险来源

1. 概念

创业风险主要来自与创业活动有关因素的不确定性。在创业过程中，创业者要投入大量的人力、物力和财力，要引入和采用各种新的生产要素与市场资源，要建立或者对现有的组织结构、管理体制、业务流程、工作方法进行变革。这一过程中必然会遇到各种意想不到的情况和困难，从而有可能使结果偏离创业的预期目标，创业活动可能偏离预期目标的因素，见图7-1。例如，开店，但货却卖不出去；创办企业，但成本大于销售额；还有因为自然灾害而遭受损失等都属于创业风险。

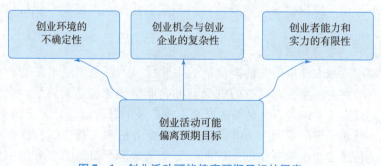

图7-1　创业活动可能偏离预期目标的因素

2. 来源

创业风险一般存在以下十大风险：

（1）风险一，项目选择风险。

项目选择风险是指在创业初期选择项目不当，导致企业无法盈利难以生存的风险。学生创业的项目选择多集中在高科技领域和智力服务领域，例如，软件开发、网络服务、家教中介、设计工作室等。此外，快餐、零售等连锁加盟店也是学生青睐的创业项目。但是，很多同学对市场了解不充分，凭自己的兴趣和想象来决定投资的项目和方向。当太多太多创业的名人佳绩出现在眼前的时候，自己当了老板，想怎么干就怎么干,有时为了赌一口气,什么后果都不考虑,心血来潮,只图一时痛快,当然会碰得头破血流。大学生创业者在创业初期一定要做好市场调研,在了解市场的基础上创业。一般来说,大学生创业者资金实力较弱,选择启动资金不多、人手配备要求不高的项目,从小本经营做起比较适宜。大学生创业初期容易出现的问题,见图7-2。

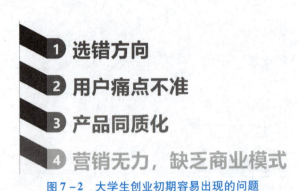

图7-2 大学生创业初期容易出现的问题

(2)风险二,技能不足风险。

我国大学生创业成功率不高的主要原因之一就是技能不足。大学生刚刚从学校步入社会,甚至有的还未有上班工作的经验,缺少很多做老板的必要素质。包括不了解相关的政策法规,缺乏相关企业的工作实践经验,职业技能技术不足、管理能力经验缺乏等,还包括人生阅历、心理承受能力不足等。还有很多大学生创业者眼高手低,当创业计划转变为实际操作时,才发现自己根本不具备解决问题的能力,这样的创业无异于纸上谈兵。大学生创业者一方面,应去企业打工或实习,积累相关的管理和营销经验;另一方面,应积极参加创业培训,积累创业知识,接受专业指导,提高创业成功率。

(3)风险三,资金短缺风险。

资金短缺问题是大学生创业前期面临的主要风险。资金风险也在创业初期会一直伴随在创业者的左右。是否有足够的资金创办企业是创业者遇到的第一个问题。企业创办起来后,就必须考虑是否有足够的资金支持企业的日常运营。对于初创企业来说,如果连续几个月入不敷出或者因为其他原因导致企业的现金流中断,都会给企业带来极大的威胁。相当多的企业会在创办初期因资金紧缺而严重影响业务的拓展,甚至错失商机而不得不关门大吉。

另外,如果没有广阔的融资渠道,创业计划只能是一纸空谈。除了银行贷款、自筹资金、民间借贷等传统方式外,还可以充分利用风险投资、创业基金等融资渠道。

(4)风险四,社会资源贫乏风险。

企业创建、市场开拓、产品推介等工作都需要调动社会资源,大学生在这些方面会感到非常吃力。平时应多参加各种社会实践活动,扩大自己人际交往的范围。创业前,可以先到相关行业领域工作一段时间,通过这个平台,为自己日后的创业积累人脉。

(5)风险五:管理风险。

企业的管理经验不仅需要知识,还需要阅历及平时工作中积累的经验。一些大学生创业者虽然技术出类拔萃，也受过创业方面的培训，但营销、沟通、管理方面的能力普遍不足，也太过于理想化。要想创业成功，大学生创业者必须技术、经营两手抓，可从合伙创业、家庭创业或从虚拟店铺开始，锻炼创业能力，也可以聘用职业经理人负责企业的日常运营。创业失败者，基本上都是管理方面出了问题，其中包括：决策随意、信息不通、理念不清、患得患失、用人不当、忽视创新、急功近利、盲目跟风、意志薄弱等。特别是大学生知识单一、经验不足、资金实力和心理素质明显不足，更会增加在管理上的风险。

（6）风险六：核心竞争力缺乏风险。

寻找蓝海是创业的良好开端，但并非所有的新创企业都能找到蓝海。更何况，蓝海也只是暂时的，所以，竞争是必然的。如何面对竞争是每个企业都要随时考虑的事，而对新创企业更是如此。如果创业者选择的行业是一个竞争非常激烈的领域，那么在创业之初极有可能受到同行的强烈排挤。一些大企业为了把小企业吞并或挤垮，常会采用低价销售的手段。对于大企业来说，由于规模效益或实力雄厚，短时间的降价并不会对它造成致命的伤害，而对初创企业则可能意味着彻底毁灭的危险。因此，考虑好如何应对来自同行的残酷竞争是创业企业生存的必要准备。

对于具有长远发展目标的创业者来说，他们的目标是不断地发展壮大企业，因此，企业是否具有自己的核心竞争力就是最主要的风险。一个依赖别人的产品或市场来打天下的企业是永远不会成长为优秀企业的。核心竞争力在创业之初可能不是最重要的问题，但要谋求长远的发展，就是最不可忽视的问题。没有核心竞争力的企业终究会被淘汰出局。

（7）风险七：团队分歧风险。

现代企业越来越重视团队的力量。创业企业在诞生或成长过程中最主要的力量来源一般都是创业团队，一个优秀的创业团队能使创业企业迅速地发展起来。但与此同时，风险也就蕴含在其中，团队的力量越大，产生的风险也就越大。一旦创业团队的核心成员在某些问题上产生分歧不能达到统一时，极有可能会对企业造成强烈的冲击。

事实上，做好团队的协作并非易事。特别是与股权、利益相关联时，很多初创时很好的伙伴都会闹得不欢而散。

（8）风险八：人力资源风险。

人力资源风险具体可分为人员流失风险和人员道德风险（见图7-3）。人员流失风险是指在创业过程中，关键技术只掌握在少数关键人物手中，拥有或掌握这一关键技术的业务骨干的流失是创业失败的最主要风险源。人员道德风险是指在创业过程中，由于经营管理和研发的需要，必然会聘用专业的管理人员和新的技术人员加入团队，

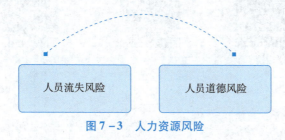

图7-3 人力资源风险

产生授权，形成委托与代理关系，创业者成为委托人，外聘人员成为代理人，两者之间往往存在着利益与目标的不一致，从而出现代理人牺牲委托人的利益以追求自身效益最大化的行为，导致委托人利益受损，即道德风险。这类风险对创业的危害是致命性的。

（9）风险九：意识上的风险。

意识上的风险是创业团队最内在的风险。这种风险来自于无形，却有强大的毁灭力。风险性较大的意识有：投机的心态、侥幸心理、试试看的心态、过分依赖他人、回本的心理等。

（10）风险十：环境风险。

创业环境对创业成败起着决定性作用。创业活动和创业环境是相互作用的，如社会环境、企业治理环境、政治环境等。这些环境的变化，都会对大学生创业造成较大的影响，这种影响尤其表现在创业的中后期，其一旦发生对企业的危害就是致命的，尤其是高新技术产品的创新活动及一些敏感性的产业。在我国对大学生创业造成较大的影响是政治环境，政治环境变化及由此引发的法律环境的变化，对于所有企业的影响都很大，更重要的是，这种变化往往是大学生创业者自身无法预料和改变的。

还包括政策优惠与否、场所的好坏、人际关系的优劣等，是创业者成功创业重要的外在条件。优惠的税收政策，使创业者减少了创业成本。适合的场所会让创业者如鱼得水，满足生产所需，或人气大增，人们希望到专业的一条街上去买东西，那是因为选择余地大。优良的人脉关系，使创业者的创业左右逢源。所以"地利"也起到关键性作用。

学习提醒：大学生创业过程中所遇到阻碍并不仅此十点，在企业发展过程，随时都将可能有灭顶之灾的风险。保持积极的心态，多学习，多汲取优秀经验，结合大学生既有的特长优势，扬长避短。

微课

面对创业逆境

情景剧

我开了微博微信，为什么没人关注

情景剧
产品无人问津怎么办

情景剧

推广创意设计

情景剧

工资低、强度大，团队有人要考研

情景剧

是不是要休学创业

项目七 你防范风险了吗?

工作手册

任务名称	讨论创业风险的来源	
团队成员		
任务实施关键点		

序号	实施步骤	实施策略
1	小组讨论创业风险的来源 (从创业环境、创业机会、创业者能力等方面讨论)	

工作小结

143

任务 2　掌握创业风险的识别方法

◎ 任务描述

分析影片《中国合伙人》中成东青等三位合伙人,他们是如何识别创业风险的?

◎ 理论学习

知识点 ②　掌握创业风险的识别

创业风险是创业过程中不可避免的现象,直面创业风险是创业过程中重要的任务。

1. 树立风险识别的基本概念

大学生创业者首先应该树立企业风险识别的基本概念。

(1) 有备无患的意识。

创业当中出现风险是正常的,带来一些损失也是正常现象,不能怨天尤人,也不能骄兵轻敌。关键在于密切监视风险,减少损失化解不利转亏为盈。

(2) 识别风险能力。

发现和识别风险,是为了防范和控制风险。如果创业者在发生损失之前,就能够识别风险发生的可能性,那么这个风险是可以被规避的。

(3) 未雨绸缪的观念。

创业风险需创业者通过创业活动的迹象、信息归类、认知风险产生的原因和条件,不仅要避免风险所面临的后果,更重要最困难的是识别创业过程中,各种潜在的风险,为采取有效措施提供依据。

(4) 持之以恒的思想。

由于创业风险伴随着整个创业过程,同时风险具有可变性和相关性的特征。所以大学生创业者必须有打持久战的准备。风险识别工作应该是连续性的,系统性的,要成为企业一项持续性制度化的工作。

(5) 实事求是的精神。

虽然风险识别是一个主观的过程,但是必须遵循客观规律。风险识别是一项复杂细致的工程。要按照特定的程序步骤,选用适当的方法逐层次的进行分析,确保实事求是。

2. 掌握风险识别的基本路径

创业风险的识别,重点从来源上来看可分为自然因素和人为因素两大方面。

自然因素如地震、台风和气温炎热。这与企业的选址有着密切的关系。又如很多行业涉及原料供应、能源、交通等问题。

人为因素,要考虑到地区的政治制度、法律政策、民情民俗以及企业周边的经营环境等。

3. 了解识别风险的方法

风险识别是社会稳定风险评估中不可或缺的一个步骤,以用来预测项目中可能出现的风险因素。风险因素的识别一般可选用的方法有对照表法、专家座谈会法、走访调查法、现场勘查法、案例参照法、项目类比法、文献调查法等。

其中较为常用的方法有文献调查法、走访调查法、现场勘查法。

(1) 文献调查法。

通过对项目已经取得的相关资料进行审查及分析,可以更好地了解项目的历史背景和目的规划。

(2) 走访调查法。

根据前期对相关利益群体的走访调查,可以了解到更多有关利益群体的意见和态度,从中发现可能存在的问题,为风险预测提供更多的现实依据。

(3) 现场勘查法。

通过对项目现场的勘查,可以更直观地了解项目存在的问题以及项目实施后可预见的风险。

微课

风险投资和
天使投资人

微课

为什么小公司
都很难做大

工作手册

任务名称	识别创业风险	
团队成员		
任务实施关键点	通过三种不同的方法识别创业风险	
序号	实施步骤	实施策略
1	文献调查法	
2	走访调查法	
3	现场勘查法	

工作小结

任务3　掌握风险防范的措施

任务描述

分析影片《中国合伙人》中成东青等三位合伙人，他们是如何应对和解决他们所遇到的创业风险？

理论学习

知识点③　掌握防范风险的措施

创业风险无处不在，且难以避免，创业环境有风险，企业内部有风险，人员本身也有风险。要彻底消灭矛盾或者说摆脱风险是不可能的，因此，创业者需要提高防范风险的意识，灵活运用"兵来将挡，水来土掩"的应对策略，才能防范化解重大风险，实现企业健康持续地发展。如果把风险比作一头狼，那创业就是一门"与狼共舞而不被狼吃掉"的艺术，接下来将介绍创业风险有哪些以及相应的防范策略等。创业风险分类见图7-4。

图7-4　创业风险分类

一、系统风险的防范

1. 系统风险分类

系统风险是由某种全局性的共同因素引起的，创业者本身控制不了或无法施加影响，并难以采取有效方法将其消除，因此，对于系统风险创业者或企业应设法规避，系统风险包含内容见图7-5。

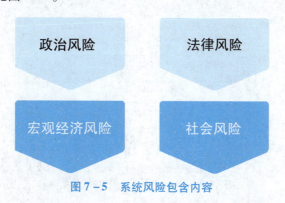

图7-5　系统风险包含内容

（1）政治风险。

国家政局、国家政策、管理体制、规划的变动等方面的不确定性会对创业者产生一定的影响。

被称为中国版 Twitter 的"饭否"是中国内地第一家提供微博服务的网站，如图 7-6，由于政策上的原因被关闭，这种风险是典型的政治风险。

图 7-6 "饭否"网站界面

（2）法律风险。

法律、法规的制定与修改，会给创业企业带来一定的风险。例如，很多创业企业因资金规模的限制，总是想方设法进行避税或节税，但过度"避税"就可能突破相关法律法规的底线，最终使企业受到法律制裁，并进一步造成经营和信誉上的损失。创业者需要关注的相关法律，如图 7-7 所示。

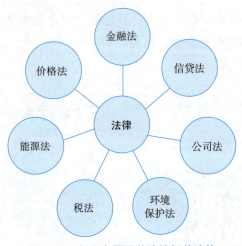

图 7-7 创业者需要关注的相关法律

(3) 宏观经济风险。

指因国家宏观经济状况、产业政策、利率变动和汇率的不稳定性等因素带来的风险。例如，2008年爆发的金融危机导致我国创业活动较为活跃的江浙地区多家中小型企业倒闭。

(4) 社会风险。

指传统文化、社会意识及新技术、新产品的冲击，或社会中介机构和基础设施不完备等引起的创业风险。例如，由于社会分工和分配不平衡，人们的生活习惯、思维方式有所不同，对新产品的接受程度也就不同，这种潜在的不确定性就导致了创业的风险。

2. 系统风险防范的方法

(1) 学会分析风险。

创业者对每一经营环节都要学会分析风险，做什么都不能满打满算，要留有余地，对可能出现的风险要有明确的认识和克服的预案。

(2) 善于评估风险。

通过分析，预测风险会带来的负面影响。例如，投资一旦失误，可能造成多大损失；投资款万一到期无法收回，可能造成多大经济损失；货款一旦无法收回，会产生多少影响；资金周转出现不良，对正常经营会造成哪些影响。

(3) 积极预防风险。

例如，对投资方案进行评估，对市场进行周密调查，制定科学的资金使用政策等。一旦某个环节出了问题，要有采取补救的措施预案，尽可能减少负面影响。同时，还要加强管理，建立健全企业各种规章制度，特别是合同管理、财务管理、知识产权保护等；在平时的业务交往中要认真签订、审查各类合同，加强对合同履行过程中的监督。

(4) 设法转嫁风险。

风险不可避免，但可以转嫁。例如，财产投保是转嫁投资意外事故风险；购买商品是转嫁筹资风险；以租赁代替购买设备是转嫁投资风险。创业也是如此，个人独资承担无限责任，但几个人共同投资，就是有限责任，就能分散风险。

由于系统风险的不可分散性，创业者在创业过程中要能够分析和预测风险并制定合理的应对措施，巧妙规避并尽可能降低系统风险对企业的影响，见图7-8。

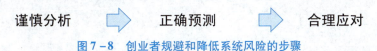

图7-8 创业者规避和降低系统风险的步骤

二、非系统风险的防范

非系统风险是由特定创业者或创业企业自身因素引起的，因此，创业者和新创企业可以在某种程度上对其进行控制，非系统风险见图7-9。

图 7-9　非系统风险

1. 人力资源风险的防范

人力资源是创业活动中最重要的资源，由此产生的风险对创业企业来说往往是致命的，所以一定要予以充分关注。创业企业应该对人才的招聘选拔、人才组合、培养提升、物质激励等方面给予更多的重视，并注重人才资源的合理储备与开发，选择并培养高素质人才。

（1）创业者应不断充实自己，持续提高个人素质，使自己的知识和能力和创业活动相匹配。

（2）通过沟通、协调、激励、奖惩、评价、目标设定等多种方法管理团队。

（3）招聘具有较好职业道德和团队意识、拥有与岗位匹配技能的员工。

2. 技术风险的防范

技术风险是创业初期最为突出的一种风险。技术创新能给创业者带来丰厚的回报，但技术创新失败也有可能让创业者的前期成本无法收回，因此，创业者要通过加强自身建设或建立创新联盟等方法减少技术风险发生的可能性。

（1）加强对技术创新方案的可行性论证，减少技术开发与技术选择的盲目性。

（2）通过组建技术联合开发体或建立创新联盟等方式，分散技术创新的风险。

（3）高度重视专利申请、技术标准申请等保护性措施，通过法律手段减少损失出现的可能性。

3. 管理风险的防范

管理风险是指创业企业因管理不善而引致的风险，通过提高管理者的素质，改变管理和决策的方式可以应对创业企业的管理风险。

（1）努力提高核心创业成员的素质，树立其诚信意识和市场经济观念，并以此为基础建立适应企业不同发展阶段的组织机构。

（2）实行民主决策与集权管理的统一，将企业的执行权合理分配。

（3）明确决策目标，完善决策机制，减少决策失误。

4. 财务风险的防范

有效规避财务风险要做到以下几点：

（1）创业者要对创业所需资金进行合理估计，避免筹资不足影响企业的健康成长。

（2）要建立创业者和创业企业的信用，提高获得资金的概率。

（3）在企业的长远发展和目前利益之间进行权衡，设置合理的财务结构。

（4）管理好企业的现金流，避免现金断流带来的财务拮据甚至破产。

情景剧

竞争对手不要钱，
如何应对搅局

情景剧

业绩突然下滑，
如何打开新局面

情景剧

市场对手太多，
如何找到生存空间

情景剧

我们到底赚钱没有

工作手册

任务名称	写出一份创业风险分析报告	
团队成员		
任务实施关键点		
序号	实施步骤	实施策略
1	风险产生根源和风险等级判断	
2	风险分析与管理措施	
工作小结		

随堂练习

1. 简述创业风险的来源。

2. 如何识别创业中存在的风险？

3. 创业风险无处不在，且难以避免。创业者需加强防范风险意识，谈谈有哪些应对措施？

创业特训营

请结合自己团队的实际情况,重点分析三个你认为最重要的创业风险,并写出对应的防范措施,完成创业风险分析表的填写(见表7-1)。

表7-1 创业风险分析

项目		分析
风险分析	风险点	① ② ③
	分析描述	① ② ③
风险防范措施	风险点	① ② ③
	防范措施	① ② ③

评价标准:

1. 风险分析(50分)。风险分析要有理有据。
2. 防范措施(50分)。防范措施需要针对性强且切实可行。

根据讨论的情况，填写会议纪要。

会议主题		会议时间	
参会人		主持人	

会议内容：

会议结论：

签名：

拓展知识梳理

张朝阳创业融资之路

1993年在美国麻省理工学院获得博士学位的张朝阳，被任命为麻省理工学院亚太地区企业关系中国事务联络官员。1995年10月，张朝阳加盟ISI公司，被任命为公司驻中国的首席代表。由于工作关系，张朝阳了解到美国的互联网络发展迅猛，日本、西欧也在迎头赶上，而中国在这一领域几乎是一片空白。中国当时的互联网建设面临许多问题，其中最为突出的是信息匮乏，这使张朝阳清楚地认识到中国人需要自己的中文ISP（网络服务提供商），于是，便下决心建立一个全中文的信息网站。但在有了好的创业构思，并在技术上确认后，关键是要获得创业启动资金。对于胸怀大志、两手空空的创业者，其创业资金从何而来？

张朝阳想到的第一个办法就是获取创业投资，美国的创业投资市场还是相当发达的。于是，张朝阳开始了融资行动。他先找到在美国相识的教授，但教授对中国的市场似乎信心不足，第一次融资无功而返。此后半年里，为融资他往返于北京与波士顿之间，先后谈了十几家公司，结果都是空手而归。就在张朝阳感到失望的时候，他遇到了麻省理工学院闻名于世的未来学家——尼葛洛·庞蒂。尼葛洛·庞蒂只与张朝阳谈了十几分钟，而张朝阳紧紧抓住了这十几分钟的机会，最后，尼葛洛·庞蒂邀请张朝阳参加伦敦的先锋论坛会议。后来，尼葛洛·庞蒂却因故没能参加伦敦会议，但张朝阳在会议上的发言却得到了尼葛洛·庞蒂同事的赞扬。就这样，尼葛洛·庞蒂答应给张朝阳投资5万美元。由于有尼葛洛·庞蒂的投资，美国另一个著名投资人罗伯特和麻省理工学院的一个学生也答应给张朝阳投资。这样，张朝阳终于获得了共22.5万美元的投资，创立了爱特信（ITC）公司。

但在进行创业战略环境分析后，张朝阳发现，中国的信息资源几乎是空白。于是，张朝阳选择了ICP（网络内容服务商）。并又以麻省理工学院博士的身份说服了北京电信部门与自己合作，共同开发中国工商网。由于借鉴麻省理工学院成熟的技术和商业运作模式，仅仅用了很小的投入就获得了最快速度的发展。而此时的张朝阳又陷入了困境：一是资金将枯竭；二是访问量很小。随着中国工商网的运行，资金需要量加大，而且短期难以收回投资。到1997年7月，爱特信公司已经弹尽粮绝，只能靠采用金融领域最为苛刻的借贷的形式——"桥式贷款"来解燃眉之急。这意味着公司一旦失败，张朝阳就可能一生背着债务。面对中国工商网的停滞状态，张朝阳和他的同事们进行了一次平台审查，发现一个"指南针"的栏目专门像地图一样帮助上网者找网上信息，其访问量一直很高。因此，他决定放弃做内容，改为做"指南"，这样就诞生了爱特信搜狐公司。1998年2月，打出广告，"出门靠地图，上网找搜狐"。中国自己的网上搜索引擎——搜狐诞生。同时，从1998年2月开始，张朝阳的第二次融资活动就一直没停。此时，出现在投资者面前的张朝阳相当自信地说："我可以给你带来一个巨大的投资机会。"

1998年4月，由英特尔牵头，香港恒隆地产、IDG国际数字集团及美国哈里森公司共同向搜狐投入200万美元，张朝阳的第二次融资获得成功。目前，搜狐网站日访问量突破10万人次，超过了雅虎中文版在大陆的访问量。由此可见，创业融资的整个过程充满了各种风险。

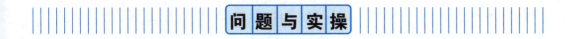

问题与实操

练习 撰写创业融资报告——风险分析

近年来国家对于大学生创新创业给予极大的鼓励和支持,大学生创业资金的筹集可以结合多个渠道融资,但创业融资的风险是大学生在创业初期不得不慎重考虑的问题,千万要注意不要因急需用钱而通过不正规的渠道融资。请结合本单元所学知识,小组讨论分析,列举出本小组虚拟的创业项目有哪些融资路径,并分析有哪些风险?

请按照如下要求撰写创业融资报告中的风险分析部分。

(1)撰写风险分析报告。篇幅长度控制在2~3页。

(2)邀请其他小组成员阅读这份风险分析报告,并对它进行评论和评分,填写表7-2。(评分请侧重以下几个方面,评级采用5分制:1=很差;2=差;3=中等;4=好;5=很好。)

表7-2 创业风险评估分析

风险评估	自我评估	同学或老师的评估意见
	评级(1~5分)	评级(1~5分)
1. 报告分析了创业风险根源	( )	( )
2. 报告判断了创业风险等级	( )	( )
3. 报告列举了创业风险清单	( )	( )
4. 报告给出了风险防范措施	( )	( )
5. 报告给出了风险分析结论	( )	( )

(3)得出每个方面的平均分。那些得分低(3分或更低)的部分,就是你应该致力改进的环节。

(4)准备一份改进后的摘要,并让不同的一群人给它评分。

(5)持续进行这个过程,直到所有方面的评分都达到4分或5分。

考核与评价

姓名		班级		得分
自我评价 （30 分）	自我反思（总结本次任务的完成情况，掌握了哪些知识和技能，锻炼了哪些能力，收获了什么，自己的不足之处以及怎么提升等）			
同学评价 （30 分）	团队互评（主要指在团队中的表现情况）			
教师评价 （40 分）				
总分 （100 分）				

项目八

你撰写创业计划书了吗？

项目导读

　　湖北某高校 2013 届信息工程学院毕业生张某，怀揣着创业梦想，毕业后创办科技公司，将目光投向了当时方兴未艾的 3D 打印领域。公司初期主要业务是 3D 打印机销售和 3D 模型绘制，在与客户的交流过程中，张某敏锐地捕捉到一个新的市场需求：许多用户希望公司能够提供代打印服务。这一发现启发了他建立在线 3D 打印平台的想法，将 3D 打印技术与互联网结合，为用户提供更加便捷、高效的打印服务。

　　凭借着对市场趋势的精准判断和对技术的不断创新，该科技公司在短短几年内取得了长足的发展。2015 年，公司荣获武汉市洪山区大学生创业大赛三等奖，他也是唯一一个获奖的高职毕业生。目前，该公司已获得高新企业认证，成为 3D 打印领域的后起之秀。张同学的创业经历告诉我们，大学生创业要敢于创新，善于发现市场需求，并勇于抓住机遇。而他创业成功的关键因素之一，则是撰写创业计划书。在创业计划书中，他详细分析 3D 打印行业的市场规模、增长趋势、竞争格局以及目标客户群体等，并明确自身的市场定位和竞争优势，将公司业务与服务的核心功能、技术优势、差异化亮点以及未来的发展规划详细描述出来。

　　本项目将从创业计划书的概念和作用入手，让读者对创业计划书有一个初步了解，然后分析创业计划书的内容和基本结构，通过学习创业计划书的撰写技巧完善创业计划书，最后学习创业计划书的检测方法，让读者完成一份合格的创业计划书。

知识目标	1. 了解创业计划书的作用 2. 掌握创业计划书的内容和基本结构 3. 掌握创业计划书撰写的技巧 4. 学会创业计划书的检测方法
能力目标	能够撰写合格的创业计划书,能够从容地展示创业计划
素质目标	1. 通过撰写创业计划书,培养逻辑性思维习惯 2. 树立在创业过程中统筹全局、未雨绸缪的精神 3. 拥有创业者的家国情怀和共同体意识
教学重点	1. 创业计划书的结构 2. 创业计划书的撰写技巧 3. 创业计划书的检测方法
教学难点	深入理解创业目标,准确描述项目信息
建议学时	8~10学时

创业名言

周鸿祎（360公司创始人）：不断地创新和尝试是最重要的企业家精神。

任务1　了解创业计划书的概念和作用

任务描述

吴某，最近开始着手写创业计划书，作为第一次接触"创业计划书"的大学生创业者，非常困惑。创业计划书是什么？为什么要撰写创业计划书？

理论学习

知识点① 创业计划书的作用

1. 概念

创业计划书（Business Plan，简称BP），是公司、企业或项目单位为了达到招商融资和实现其他发展目标，在经过前期的项目调研、分析及搜集与整理有关资料的基础上，根据一定的格式和内容的具体要求而编辑、整理的一份全面说明创业构想以及如何实施创业构想的文件，是描述所要创立的企业是什么以及将成为什么的文本。

2. 作用

创业计划书的作用一般体现在以下三个方面：

（1）获得企业融资。

一个好的创业计划书是企业的推销性文本，是获得贷款和投资的关键因素之一。如何吸引投资者，特别是风险投资家参与创业投资项目，一份高质量且内容丰富的创业计划书，将会使投资者更快、更有效地了解投资项目，将会使投资者对项目充满信心，并投资参与该项目，最终达到为项目筹集资金的作用。

（2）全面了解你的企业。

撰写创业计划书可以迫使创业者系统地思考新创企业的各个要素，创业者通过梳理自己创业的基本思路，形成具体可行的创业计划，在梳理过程中可以更好地帮助创业者分析目标客户、规划市场范畴、形成定价策略并对竞争环境做出界定等，为今天的创业实践提供明确的行动路线。

（3）寻找合作伙伴。

使用创业计划书，可以通过向业务合作伙伴和其他机构展示自己，从而为创业者找到战略合作伙伴。编制创业计划书的过程也是让项目团队不断理清自己思路的过程。

工作手册

任务名称	了解创业计划书的概念和作用	
团队成员		
任务实施关键点		

序号	实施步骤	实施策略
1	小组对项目进行全面了解,包括客户需求、市场分析、目标客户、竞争对手、产品或服务特点等	

工作小结

任务 2　分析创业计划书的内容和基本结构

任务描述

吴某已经了解创业计划书的作用，那么创业计划书的核心内容该如何呈现？

理论学习

知识点②　创业计划书的内容和基本结构

一般来说，创业计划书应该至少包括以下几个部分：

（1）项目概述。

项目概述，这部分内容相当于整个创业计划书的摘要，它的主要作用是利用有限的篇幅和精练的语言，简略地对创业项目进行概括，激发读者的兴趣。主要说明你的创业项目能解决何种问题、提供何种方案、你的优势是什么、项目成功的机会在哪里等，这部分的篇幅一般控制在1~2页。

（2）市场分析。

在市场分析部分，我们主要从行业背景、现有市场规模及增长趋势三个方面，以行业概况的方式向投资者展示你将进入的行业或市场的发展情况。在描述过程中，有必要时可采用一些分析工具（如SWOT分析法），尤其要重点突出公司或项目的机会与优势，构建读者对项目的信心。

（3）产品/服务介绍。

这一部分主要介绍产品或服务的名称、特征、用途、功能，以及其所属的行业领域是什么，潜在的客户有哪些，市场定位如何，产品通过何种途径为客户解决问题。此外，这里还可以对产品或服务的特色和优势做介绍，说明你的产品与市场同类产品相比有哪些优势和劣势，你的创新点在哪里，你拥有哪些关键技术，有无专利与许可等。在这里要进一步突出产品或项目的独特性，使读者进一步增强对项目的兴趣。

（4）公司或团队简介。

创业计划书根据公司的发展阶段对公司的介绍应该有所侧重。如果公司处于种子期或者创建期，只有一个美妙的商业创意，那重点应该介绍团队的成长经历和性格爱好特长、创业的原因和创业构想如何产生。如果公司处于成长期，则需要把公司概况、公司理念、公司现状以及公司未来的发展规划展示给投资者，具体包括公司的组织结构图、各部门的功能和职责、部门的负责人及主要成员等。

创业核心团队一般是2~8人，重点介绍团队优势，突出成员与项目相匹配的个人行业阅历和优势。

（5）商业模式。

切实可行且具有独特竞争优势的商业模式是创业成功的关键，我们可以通过以下三步来呈现项目的商业模式。

①陈述项目的运营基础，包括人员、专利以及现有的成果。

②分析项目模式对消费者的吸引力因素，包括便利程度、价格、服务保障等。

③介绍项目发起人对项目的核心掌控力，包括专利所有权、不可替代的核心能力等。

④在制作出完整的商业模式之后，就要进行商业模式的可行性判断，其中最直接有效的一个判定方法就是这个商业模式是否能有效解决一个市场痛点，是否满足了用户的某种需求。

（6）财务分析与预测。

财务分析与预测包括了公司过去若干年的财务状况分析、今后三年的发展预测，以及详细的投资计划。这一部分主要用于投资者评估创业者的创业理念，判断企业未来经营的财务状况，进而判断其投资能否获得理想的回报，因而它是影响投资决策的关键因素之一。

（7）融资说明。

创业融资计划是一个规划未来资金运作方式的计划，在计划中需要考虑长期利益和短期利益。融资计划主要涉及以下问题：融资数额是多少？已经获得了哪些投资？希望向战略合伙人或风险投资人融资多少？投资收益和未来再投资的安排如何？对于吸引风险投资的企业，风险投资的退出途径和方式是什么？

（8）风险分析。

风险分析主要用于向投资者分析企业可能面临的各种风险隐患、风险的大小及融资者将采取何种措施来降低或防范风险、增加收益等。说明企业或项目具有控制风险的能力。

（9）附录及项目其他附加材料。

附录主要用来展示企业或项目的佐证材料、一些没有在正文中展示的资料，如产品相关资料、专利证书、市场调研报告等。

微课

商业计划书
应该怎么写

微课

商业计划书的
准备和展示

工作手册

任务名称	撰写创业计划书	
团队成员		
任务实施关键点		
序号	实施步骤	实施策略
1	小组制定项目各部分的目标、任务和策略	
2	编写创业计划书的正文	

工作小结

任务3　掌握创业计划书的撰写技巧

◎ 任务描述

吴某已经完成了创业计划书的初稿,那么如何重点突出项目亮点写出一份优秀的创业计划书呢?创业计划书还可以如何优化呢?

◎ 理论学习

知识点③　创业计划书的撰写技巧

(1) 目标明确,优势突出。

优秀的创业计划书一定要有一个明确的目标,能够呈现出项目的具体优势。针对不同的读者对象,创业计划书应有所不同。

(2) 内容真实,体现诚意。

商业计划本质上是创业者对如何将创业意愿及创意转换为一种盈利事业的一种规划。即使创业活动面对很大的不确定性,创业者也应努力确保商业计划信息的相对真实性。所谓真实性,是指市场预测必须建立在对目标市场的现有信息进行分析的基础上。所以,创业计划书一定要实事求是,不要为了吸引投资而夸夸其谈。

(3) 要素齐全,内容充实。

创业计划书内容和格式不是千篇一律的,但无论哪种项目的创业计划书都应涉及项目摘要、企业介绍、产品和服务、行业分析与营销策略、人员及组织结构、生产制造计划、财务规划、风险与风险管理等内容。

(4) 语言平实,通俗易懂。

在撰写创业计划书时,要尽量运用平实准确、通俗易懂的文字来表述。

(5) 结构严谨,风格统一。

受创业者精力、计划书篇幅、完成时间等因素影响,一份创业计划通常由多人合作完成。为了创业计划书的结构严谨与风格统一,最后应由创业团队中某一成员进行统稿与定稿。

(6) 有理有据,循序渐进。

没有详尽的第一手材料,创业者很难在制定计划时做到有理有据,从而打动投资者。写计划书前应准备的材料包括市场调查报告、财务数据分析、运营具体案例、行业基本情况等。

(7) 详略得当,篇幅适当。

创业计划书一定要把握适度原则。一般情况下,要着重强调企业的优势和能够持续盈利的原因,主要包括市场分析、制造计划、竞争分析、营销方案、成本预算、风险分析和应对策略等方面。

工作手册

任务名称	写出一份优秀的创业计划书	
团队成员		
任务实施关键点		
序号	实施步骤	实施策略
1	根据学习的七个撰写技巧重新评估自己的创业计划书,找到不完善的地方进行修改	
2	做好会议记录	
3	在工作手册上实施练习	
工作小结		

任务4　掌握创业计划书的检测方法

任务描述

吴某应该如何评估创业计划书的优劣，为自己的创业之路奠定坚实的基础。

理论学习

知识点④　创业计划书的检测方法

创业计划书完成之后，可按照以下几种方法进行检查，看是否有漏洞和需要完善的地方。

（1）简洁性检测法。

创业计划书是否可以用一句简洁的话来描述："本项目将在什么业务领域应用，可以解决客户的什么问题。"这个描述的目的是让内部团队、外部投资者能够非常直观地了解该项目。

（2）思考性检测法。

完成创业计划书之后，可以问自己以下几个问题：在已有选择的基础上，我会买这个公司的新产品和服务吗？如果是，为什么？我会以现在的全价购买产品和服务吗？我会立刻购买，还是先了解再购买？

（3）依赖性检测法。

任何公司的重要风险来源之一都是对某个供应商或者顾客的巨大依赖。解决这个问题的首要法则就是单一顾客的销售额不能超过公司总销售额的35%。所以，问问自己：环顾四周，我的公司是否严重依赖某个公司呢？如果答案是肯定的，有办法减少这种依赖性或者减少潜在的损失吗？

如果创业者打算创立的公司严重依赖某个公司，要考虑以下两个问题：这种依赖性会榨取我的利润吗？如果我依赖的公司停业或者不再同我做生意，将会发生什么事情？

（4）脆弱性检测法。

脆弱性检测，或者说用来分析商机的"最坏的情况是什么"的方法，是指在完成创业计划书后问自己以下几个问题：

①如果公司开业运转，什么事情会让我的公司瞬间"崩盘"？

②我如何预测现有的和潜在的竞争者对我的公司做出的反应？

③面对我这个潜在的威胁，是否有竞争者有能力将我的公司立刻扫地出门？

④为什么现有竞争者不会对我的进入做出反应？

工作手册

任务名称	检测你的创业计划书	
团队成员		
任务实施关键点		
序号	实施步骤	实施策略
1	邀请其他小组阅读你的创业计划书，并对它进行评论	
2	对创业计划书进行修改，做好路演的准备	

工作小结

随堂练习

1. 撰写创业计划书的意义。

2. 在创业计划书的起始部分的概要为什么如此重要?它的首要目标应该是什么?

3. 撰写创业计划书如何平衡创业热情与保持分析的真实性?

4. 简述在创业计划书中全面揭示和讨论潜在的风险因素会阻碍还是有利于投资者提供金融支持。

创业特训营

组建自己的团队,提出自己的创业目标,讨论并填写创业计划书要点明细表,见表 8-1。

表 8-1　创业计划书要点明细

序号	创业计划书模块名	描述
1	封面	①项目名称: ②团队名称: ③企业名称:
2	市场痛点	①痛点 A: ②痛点 B: ③痛点 C: 总结:
3	解决方案	①方案概述: ②核心原理: ③产品介绍: ④工作流程: ⑤解决问题 A(对应痛点 A): ⑥解决问题 B(对应痛点 B): ⑦解决问题 C(对应痛点 C):
4	技术突破	①技术性描述 A(对应解决问题 A): ②技术性描述 B(对应解决问题 B): ③技术性描述 C(对应解决问题 C): ④项目创新点: ⑤专利保护:
5	运营状况	①产品研发阶段: ②用户数: ③销售额: ④效果反馈: ⑤测试结果:
6	团队介绍	①项目负责人(突出与项目相关的经历): ②核心成员: ③团队成员: ④专家顾问:
7	竞品分析	①价格: ②功能: ③速度: ④范围: ⑤成本:

续表

序号	创业计划书模块名	描述
8	财务与融资	①价格： ②功能： ③速度： ④范围： ⑤成本：
9	发展规划	①近期规划： ②中期规划： ③远期规划：

根据讨论的情况，填写会议纪要。

会议主题		会议时间	
参会人		主持人	
会议内容：			
会议结论：			
签名：			

拓展知识梳理

1. 创业计划构思 6C 法

构思创业计划的一种重要方法就是思考并回答创业项目未来发展的六个重要问题,我们称为 6C 法,见图 8 – 1。

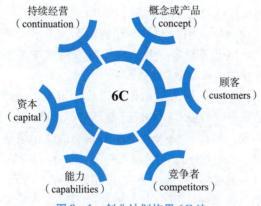

图 8 – 1　创业计划构思 6C 法

（1）概念或产品。这是指你要明确未来要卖的是什么东西,或者提供的是什么服务。

（2）顾客。有了卖的东西之后,接下来就是卖给谁?也就是清楚界定你的顾客范围,这个范围要很明确。例如,你的顾客是大学生,那么还要再想想是女生还是男生,是新生还是毕业生等。

（3）竞争者。接下来要考虑你的东西是否还有人在卖,在哪里卖,有没有可以替代的产品,与你的产品是否存在直接或间接的竞争。

（4）能力。在上述的基础上,还要说明你是否具备相应的能力,你是否擅长你所卖的产品,如果自己不擅长,是否能找到相应的人才。例如,你要办业余厨艺兴趣班,那么你是否具备授课能力,如果自己不行,合伙人行不行,或者能否找到相应的师资。

（5）资本。此外,要说清楚资本的来源和数量,所谓资本可以是现金,也可以是某种可以用于创业的资产,既可以是有形的资产,也可以是无形的资产。要说明你需要什么样的资本,需要多少资本,这些资本将从哪里来。

（6）持续经营。最后要规划未来的行动计划,明确创业后是否具备持续经营的能力。

2. 探索驱动型计划法

环境的快速变化使得计划赶不上变化,这是客观事实,但以此否定计划的作用是绝对错误的。一份设计合理的计划不仅代表着创业者对成功的强烈愿望与充分准备,而且代表了创业者对利益相关者的负责态度。问题的关键在于我们要采取正确的方法制定创业计划。

从目前来看，大部分创业者制定计划的方法更像大企业的传统计划方法，这种方法要求计划内容十分详细，并且过分关注细节。麦格拉思和麦克米伦进一步指出，传统计划背后隐藏的假设被看成是事实，而不是被看成有待检验和质疑的推测。当面临的不确定性较低时，这些假设往往是显而易见的，细节意味着精确和谨慎，因此出错的可能性较低。但是，创业者通常面临的是高不确定性，因此很多假设就只是大胆的猜测而已。

麦格拉思和麦克米伦开创性地提出的探索驱动型计划方法也许更适合创业企业，这种方法承认在创业开始阶段所做的判断几乎都是假设，并且假设的"证伪"视为计划的关键所在。探索驱动型计划主要包括四个文件：

（1）逆向损益表。反映创业项目的基本经济情况，要求创业者首先明确打算实现的利润是多少，然后据此导出需要多少收入以及允许的成本是多少，而不是从估计收入以及现实的成本中推导出能够实现的利润。

（2）运营情况预测说明书。用来展示创业过程中研发、生产、销售、配送和售后等所需的全部关键活动及相应的成本结构，这些活动一起构成了可允许创业成本。

（3）重要假设检验表。列出一份创业要取得成功的假设清单，只有这些假设成立了，运营情况预测说明书中的数字才可能是可行的。清单上的条目顺序按重要性排列，关于创业成败的假设和不用花多少钱就能检验的假设排在最前面。

（4）重大事件计划。详细说明每个重大事件发生时有待检验的相关假设，识别关键假设中可以被检验的检查点，只要有可能，就检验假设。这里需要说明的是，没有任何假设是不应该被检验的，对于最关键的假设要设置多个检查点。

探索驱动型计划将创业视为一个持续性的计划过程，承认高度不确定性会导致计划与执行之间出现落差，因此要求创业者随着创业进程的推进，不断地搜集新信息验证之前所做出的的各种假设，不断修订行动方案，调整经营思路与发展目标，直到计划所依据的各种假设都被验证。当然，有时创业者所做的假设过于荒诞，无论如何调整都不能保证假设成立，这时创业者要有勇气做出终止创业活动的决策。

问题与实操

练习　撰写优秀的摘要

优秀的摘要是创业计划书中重要的组成部分。一流的摘要能抓住那些通常依据摘要做决策的潜在投资者的注意和兴趣,而且他们据此还决定是继续将创业计划书阅读下去,还是看下一份。因此,学会如何撰写优秀的摘要对创业者来说非常的重要。

请按照如下要求撰写小组的创业企业摘要。

(1) 撰写创业企业摘要。确保它的篇幅控制在 2~3 页。

(2) 邀请其他小组成员阅读这份摘要,并对它进行评论和评分。填写表 8-2。(评分请侧重以下几个方面,评级采用 5 分制:1 = 很差;2 = 差;3 = 中等;4 = 好;5 = 很好。)

表 8-2　摘要的评估

摘要评估内容	自我评估 评级(1~5 分)	同学或老师的评估意见 评级(1~5 分)
1. 摘要提供了新产品和服务的清晰描述	(　　)	(　　)
2. 摘要解释了新产品或服务为什么在特定市场是有吸引力的	(　　)	(　　)
3. 摘要辨明了市场,并解释了产品如何在这些市场中促销	(　　)	(　　)
4. 摘要解释了产品处于生产的什么阶段	(　　)	(　　)
5. 摘要解释了创业者是谁并描述了他们的背景和经验	(　　)	(　　)
6. 摘要解释了创业者要寻求多少资金以及资金的使用计划	(　　)	(　　)

(3) 得出每个方面的平均分。那些得分低(3 分或更低)的部分,就是你应该致力改进的环节。

(4) 准备一份改进后的摘要,并让不同的一群人给它评分。

(5) 持续进行这个过程,直到所有方面的评分都达到 4 分或 5 分。

考核与评价

姓名		班级		得分
自我评价 （30分）	自我反思（总结本次任务的完成情况，掌握了哪些知识和技能，锻炼了哪些能力，收获了什么，自己的不足之处以及怎么提升等）			
同学评价 （30分）	团队互评（主要指在团队中的表现情况）			
教师评价 （40分）				
总分 （100分）				

项目九

你进行项目路演了吗？

项目导读

　　李某是一名计算机科学专业的毕业生，他和他的团队开发了一款创新的移动应用，旨在通过人工智能技术优化用户的日程安排和生活管理。尽管产品具有巨大的市场潜力，但他们缺乏将产品推向市场所需的资金和资源。

　　在一次偶然的机会中，李某得知了一个即将举行的创业投资路演活动。认识到这是一次不可多得的展示机会，李某和团队开始积极准备。他们深入研究了市场，精心制作了商业计划书，并通过多次模拟演练来完善他们的路演技巧。

　　路演当天，李某以充满激情的演讲，清晰地阐述了他们的产品理念、市场定位、技术优势以及未来的发展规划。他们对投资人提出的问题应对自如，展现出了团队的专业性和对项目的深刻理解。最终，他们的努力得到了回报，不仅获得了投资者的关注，还成功吸引了几位潜在的商业合作伙伴。

　　路演在创业过程中有重要的作用。通过有效的沟通和展示，创业者可以将自己的项目推向更广阔的舞台，为实现创业梦想打下坚实的基础。

知识目标	1. 了解路演的概念和类型 2. 掌握路演 PPT 的基本内容和制作方法 3. 掌握路演技巧 4. 创业特训营训练
能力目标	能够制作合格的路演 PPT，能够从容地进行路演展示
素质目标	1. 提升沟通与表达能力，增强团队协作精神 2. 树立风险意识与应对策略，增强创业韧性
教学重点	1. 路演的概念和类型 2. 路演 PPT 的基本内容和制作方法 3. 掌握路演技巧
教学难点	深入理解创业目标，准确描述项目信息，掌握路演技巧
建议学时	8~10 学时

创业名言

张磊（高瓴资本创始人、首席执行官）：这是诞生很多小巨人的时代，创业者要能穿越死亡谷。

任务1　了解路演的概念和类型

任务描述

陈某，一名市场营销专业的大四学生，正站在他创业旅程的起点。他的移动应用项目旨在通过智能算法减少食物浪费，但他需要资金和资源来实现这个愿景。陈某明白，路演是他向潜在投资者展示项目并赢得支持的关键。在这个任务中，你将跟随陈某的脚步，学习路演的基本概念，了解不同类型路演的特点，以及它们如何帮助创业者像陈某一样，将创意转化为实际行动。

理论学习

知识点① 路演的概念和类型

1. 概念

路演，起先指的是在马路上进行的演示活动。早期华尔街股票经纪人为了兜售手中的债券，常站在街头吆喝叫卖。人们把这种形式的活动称为"Road Show"，即路演。路演发展到现在，已经不仅仅是为发行新股而进行的推介活动，而是已经发展为时下盛行的企业和创业项目路演。

创业项目路演通常是指某一初创企业或项目团队就企业宗旨、开发的产品或服务、市场前景、核心团队、发展规划、融资计划等整体项目运作情况与投资人进行有效沟通的互动过程，其目的是引起目标人群关注，使他们产生兴趣。创业项目路演是大学生创新创业过程中非常重要的一个环节，是使创业项目获得社会和投资人认可的重要方式。可以说，创业项目路演是实现创业项目与投资人零距离直面对话、平等交流、专业切磋的有效渠道，有助于促进创业项目与投资人的充分沟通，加深相互的了解，最终推动融资进程。所以，想要成功吸引投资人，获得投资人的青睐，做好创业项目路演尤为重要。

2. 路演的类型

在互联网时代，创业项目路演主要分为线上路演及线下路演两大类。

（1）线上路演。

线上路演，主要是指项目方通过线上路演平台对项目进行讲解，它具有实时、开放、交互、平等等网络功能优势，是项目推介的一个快捷方便、安全有效的信息交流平台。线上创业项目路演主要分为两种：一种是自媒体路演，创业者可自主选择在社交媒体平台等开展项目的推介演示；另一种是公共媒体路演，由专门的路演组织机构组织，利用直播平台开展创业项目路演。

（2）线下路演。

线下路演，指创业者在活动现场和投资人、评审人员等进行面对面的演讲及交流，主要有四种模式：一是精准度、私密度最高的一对一模式；二是精准度、私密度较高的私董会模式；三是由政府部门、知名机构或平台线下组织的项目路演会或专场路演会；四是带有大赛和推广性质的创业大赛或创业秀模式。

微课

创业项目路演

项目九　你进行项目路演了吗?

工作手册

任务名称	完成项目路演准备	
团队成员		
任务实施关键点		
序号	实施步骤	实施策略
1	1. 理解路演的重要性 2. 分析项目,准备路演材料	

工作小结

181

任务 2　掌握路演 PPT 的基本内容和制作方法

任务描述

随着路演日期的临近，陈某意识到，一个出色的路演不仅仅是口头表达，更需要一个强有力的视觉辅助工具——PPT。在这个任务中，你将帮助陈某掌握制作高效路演 PPT 的技巧，学习如何将复杂的商业理念以简洁、吸引人的方式呈现给听众，确保每一页 PPT 都能精准传达项目的核心价值。

理论学习

知识点② 路演 PPT 如何制作

1. 路演 PPT 的基本内容

路演 PPT 是商业计划书的精华概括，一份优秀的路演 PPT 必须要完美的与 5 分钟的路演讲解相融合，一般来说由 20~30 页的 PPT 文档组成，内容主要包括以下几个方面。路演 PPT 内容大纲见表 9-1。

表 9-1　路演 PPT 内容大纲

页码	主题	内容安排	要点
第 1 页	封面	公司名称、标志、副标题（用一句话描述项目）、项目负责人的姓名、联系方式、邮箱等信息	首页 PPT 设计要与项目产品高度相关，背景颜色醒目不杂乱
第 2 页	项目概述	高度概括项目核心信息，简单直接有高度，最好能体现已取得的成绩等	适当插入事例及统计数据，吸引投资人或评委的注意力
第 3 页	市场痛点	直奔痛点难点，看是不是强刚需	可以从政策、市场、行业、用户需求等方面着手分析，善用数据、清晰展示项目痛点
第 4~5 页	产品技术与服务	说明本项目就是痛点的解决方法，展示项目的独特之处，如产品的创新点及核心竞争力，充分展示自己的产品在技术上、功能上、效果上的优势、产品的技术专利、软件著作等申请情况等	多介绍亮点，用数据、第三方证据说话，用应用证明、科技查新报告、测评报告等让投资者感受到项目的先进性和创新性。务必用通俗易懂的语言，保证非专业人士可以听懂
第 6~7 页	竞品分析	你的核心竞争力是什么？竞争对手分析（含直接竞争者、间接竞争者、未来竞争者）、竞争优势和发展空间	确立竞争优势，如果你没有明显能够超越别人的优势，空谈市场毫无意义

续表

页码	主题	内容安排	要点
第8~9页	产品现状和目标市场	详细分析本产品所属行业及所在区域的发展情况，清楚地定位具体目标市场：客户是谁，市场空间有多大，未来3~5年市场销售预测和预期市场份额	这里可以运用图片、具体数据等对项目现阶段取得成果进行展示
第10~11页	团队介绍	核心运营团队介绍、专家顾问团队介绍、项目或公司的股权结构介绍	尽量突出创业团队的完善性、团队成员之间的互补性以及每个团队成员有过哪些漂亮的业绩
第12~15页	财务分析与融资需求	项目截至目前的收支分析、融资需求及资金使用方式、资金筹得后产生的经济效益分析	若是初创企业或尚未完成注册的创业企业，可以写预期收入与支出以及融资需求
第16页	商业模式	盈利模式、运营策略	清晰描述如何创造价值和利润
第17页	发展计划	短期和长期目标、发展策略	展示企业的成长潜力和市场扩张计划
第18页	风险评估与应对策略	识别风险、应对措施	展示对潜在风险的认识和准备
第19页	呼吁行动	明确投资者角色、下一步行动	鼓励投资，明确投资后的行动计划
第20页	联系方式	项目团队联系信息	提供方便的联系方式，便于后续沟通

2. 路演PPT的制作方法

制作一份优秀的路演PPT通常要具备逻辑清晰、内容精炼、版式美观、亮点突出等特征。

（1）逻辑清晰。

路演PPT的内容要安排合理，前后关系紧密，环环相扣，逻辑清楚。

（2）内容精炼。

路演PPT的内容要根据时间来设计，从商业计划书中提炼核心的、关键的信息点，按照信息传递的逻辑顺序将他们串起来。

（3）版式美观。

版式要大气美观，路演PPT应采用图文结合的形式，文字精练，字数不宜多。图表可高度概括文字内容，而且识别简单，传递信息快速。同时可借用小视频、动画等手段、直观的演示项目的特色和技术难点。

（4）亮点突出。

由于路演时间的限制，PPT不能太多页，要简单精练，重点突出。

工作手册

任务名称	制作项目路演 PPT	
团队成员		
任务实施关键点		
序号	实施步骤	实施策略
1	小组制定项目各部分的目标、任务和策略	
2	制作项目路演 PPT	

工作小结

任务3 掌握路演技巧

任务描述

路演当天,陈某站在台上,面对着一群资深投资者。他知道,他的演讲技巧将直接影响路演的成败。在这个任务中,你将学习如何像陈某一样,掌握吸引听众的路演技巧,包括如何构建引人入胜的开场、清晰传达信息、有效使用肢体语言,以及如何在有限的时间内留下深刻印象。

理论学习

知识点③ 路演的技巧

1. 项目路演的技巧

(1)明确演讲目标。

在路演之前,明确你想要传达的信息和目标,这将有助于你在演讲过程中保持焦点。

(2)了解听众。

了解你的听众,包括他们的背景、兴趣和需求。这将有助于你更好地调整演讲内容和风格,以吸引他们的注意力。

(3)设计引人注目的开场。

在演讲开始时,用一个有趣的故事、事实或问题来吸引听众的注意力,激发他们的兴趣。

(4)使用简洁明了的语言。

使用简单、清晰的语言来传达你的信息,避免使用复杂的专业术语或长句子。

(5)结构化演讲内容。

将演讲内容分为几个部分,使用清晰的过渡来引导听众。确保每个部分都紧密围绕演讲目标展开。

(6)强调关键点。

在演讲过程中,重复强调关键信息和主要观点,以便听众能够更好地记住。

(7)运用视觉辅助工具。

使用幻灯片、图表或其他视觉辅助工具来展示数据和关键信息,使演讲更生动有趣。

(8)适当举例。

使用生动的例子来说明你的观点,这有助于听众更好地理解和记住你的演讲内容。

(9)保持语速和音量适中。

不要说得太快，以免听众难以跟上；同时，保持适当的音量，以便整个房间内的听众都能听到。

（10）与听众互动。

在演讲过程中，与听众互动，提问或邀请他们分享观点。这有助于提高听众的参与度，并使他们更加关注你的演讲。

（11）结尾总结。

在演讲结束时，总结主要观点，并提供一个令人印象深刻的结尾，以加深听众对你演讲内容的记忆。

（12）训练和实践。

在路演前进行充分的训练和实践，以便在实际演讲中更加自信和从容。

2. 项目路演策略

（1）准备核心问题的答案。

运用5W2H法准备下面七个核心问题的答案。

①Why——为什么要做这个项目？

②What——你的创业项目提供什么产品或服务？解决什么市场痛点需求？

③When——什么时间完成？什么时机最适宜？

④Who——你的目标顾客是谁？和竞争对手相比，你的创业项目有什么差异化特征和优势？

⑤Where——从哪里进货？在哪里销售？

⑥How——怎么做会更好？做法是怎样的？

⑦How much——经营成本是多少？盈利能力怎么样？

（2）具备舞台意识。

路演是舞台展示，舞台意识是路演成功的关键，以下七点要谨记。

①熟悉舞台，掌握演示文稿的内容。

②衣着打扮不能过于随意。

③创业不是儿戏，不能过于激情洋溢，创业需要的是情商和智商。

④把握好时间，不要讲太多的专业术语，要通俗易懂。

⑤要讲一个确实好听的故事。

⑥要清楚路演的目的和对象。不同的投资者有不同的关注点，如财务投资者关心项目财务状况和盈利能力，产业投资者关心技术和研发能力等。

微课

领袖峰会：
创业路演

微课

如何讲一个动人
的创业故事

微课

创业路演策略及
投资人常见的
问题有哪些

工作手册

任务名称	制作一份优秀的项目路演 PPT	
团队成员		
任务实施关键点		
序号	实施步骤	实施策略
1	根据学习的 5W2H 技巧重新评估自己的项目路演 PPT，找到不完善的地方进行修改	
2	做好会议记录	
3	在工作手册上实施练习	
工作小结		

随堂练习

1. 什么是项目路演？它有哪些形式？

2. 项目路演时投资人都会关注哪些问题？

3. 你认为一份优秀的路演 PPT 有哪些特点？

4. 如何完成一次成功的项目路演？谈谈你的体会。

创 业 特 训 营

请写出一份路演的指导方案，涵盖会议纪要记录、拓展知识的梳理、问题与实操的结合、路演框架设计四个核心要素：

1. 会议纪要记录

（1）团队分工：明确每个团队成员的职责和角色，确保团队合作顺畅。

（2）项目目标：确定项目目标，包括预期成果、时间表和关键里程碑。

（3）会议记录：详细记录团队会议内容，包括讨论主题、意见分歧、决策和行动事项。

（4）沟通协作：记录团队成员之间的沟通方式和协作机制，确保信息畅通和高效配合。

2. 拓展知识的梳理

（1）行业研究：深入了解项目所在行业的现状、趋势、市场规模和竞争格局。

（2）市场需求：分析目标客户的需求、痛点、痒点和竞争优势，确保项目符合市场需求。

（3）技术调研：研究项目所涉及的技术原理、创新点和技术优势，增强项目的技术含量。

（4）商业模式：探讨项目的盈利模式、运营策略和长期发展计划，确保项目的可持续性。

3. 问题与实操的结合

（1）问题识别：识别项目在实施过程中可能遇到的问题和挑战，提前做好准备。

（2）解决方案：针对识别出的问题，提出切实可行的解决方案，展示团队的应对能力。

（3）实操环节：设计实际操作环节，让团队成员亲身体验项目的实施过程，提高团队实操能力。

（4）反馈与调整：根据实操过程中的反馈，及时调整项目策略，确保项目顺利进行。

4. 路演框架设计

（1）开场及项目介绍：简述项目背景、目标和团队分工，吸引听众注意力。

（2）会议纪要展示：通过 PPT 或口头报告形式，展示团队会议纪要，证明团队的合作和执行力。

（3）拓展知识讲解：系统地阐述项目所涉及的知识点，包括行业背景、市场需求、技术优势等，增强项目的可信度。

（4）问题与实操展示：分享项目实施过程中遇到的问题及解决方案，展示团队的应对能力和实操经验。

（5）结尾及展望：总结项目亮点、市场前景和团队优势，邀请听众参与讨论和交流。

通过以上指导方案，学生团队可以更有条理地完成真实项目的路演设计，充分展示项目的优势和潜力，吸引听众的关注和支持。同时，该方案有助于提升学生团队的沟通协作能力、问题解决能力和实操能力，为创业特训营的成果转化奠定基础。

根据讨论的情况，填写会议纪要。

会议主题		会议时间	
参会人		主持人	

会议内容：

会议结论：

签名：

拓展知识梳理

1. 路演五大演示误区

（1）过度自信，忽视竞争。

过度自信地认为自己没有任何竞争对手是不切实际的，只会让评委认为你在忽视竞争。一定要了解清楚行业的商业环境，竞争对手不会因为你是学生而选择退让。

（2）过于重视创业情怀，忽视内容。

创业要有情怀和热情，但是仅凭满腔的创业激情和三寸不烂之舌是无法打动评委的，最重要的是项目要有干货。创业情怀应该点到为止。

（3）过于注重外表，忽视演讲能力。

路演人的人选不仅要对参赛项目有全面系统的了解，还要对项目所处行业及市场有相当的了解。因此，选择一个形象气质佳、口齿清晰、对项目熟悉的路演人上台展示，才能取得最好的效果。

（4）准备不足，只能临场发挥。

路演前一定要做好十足的准备，不要认为只要做好路演PPT就行，而忽略了演讲稿，否则到了台上往往会出现语言组织混乱的情况，临场发挥时讲不到重点。

（5）只讲前景，不谈核心竞争力。

很多创业者，在一开始路演时，会大篇幅地描述行业前景和市场空间，避而不谈项目的核心竞争力。而评委想要获取的信息不是人人都可以说的行业前景，而是只属于你的项目的核心竞争力、你的产品或服务的优势，以及你有没有一套行之有效的营销模式。

2. 路演答辩技巧

项目路演时，评委的提问始终是围绕项目开展的，这要求上场答辩的成员对自己的项目有全方位的认识，对项目的核心技术或产品、优缺点、竞争对手、市场、营销模式、团队、财务、发展规划、风险评估等要全面掌握熟知。

在答辩前，确定好主答辩人，一般为项目负责人，其他成员可进行分工，如问到技术问题，可以交给团队技术成员回答，财务问题可以交给对财务熟悉的成员回答。如果遇到大家都未预料一时答不上的问题，主答辩人要主动回答，不懂也要答，确保评委的每个问题都能得到回应。在路演准备时，要学会站在评委或者投资人的角度想问题，尽可能地了解到场的评委以及投资人都是哪些人、对哪方面比较感兴趣，预判可能会提的问题，从而有针对性地给出明确的答案。表9-2提供了一些路演答辩时常见的问题，供大家参考。

表 9-2　路演答辩时常见的问题

序号	问题分类	路演答辩时常见的问题
1	考察项目创新性问题	和以往的产品或竞品比，有什么不同之处 产品的应用场景有哪些？和他人相比有什么优势 项目有哪些创新 项目产品是自研的吗
2	考察项目商业性问题	项目的核心优势是什么 客户真正的痛点是什么？你们是怎么帮客户解决这些痛点和难点的 产品的需求有经过调研吗？具体调研数据如何 营销策略是什么？盈利模式是什么 销售额最高的是哪个产品？利润额最高的是哪个产品
3	考察项目团队问题	项目团队有多少人？如何分工 你的项目团队有哪些优势 团队的决策机制是怎么样的 团队成员是相关专业的吗
4	考察实效性问题	项目的实际贡献有哪些 取得哪些实质性的成果 行内评价如何
5	考察财务及融资问题	你们融资数额及出让股份是怎么估算的，有何依据 如果投资了你们的项目，你们预计什么时候能回本 未来几年盈利预期如何
6	考察打动就业问题	目前员工有多少 项目直接或间接就业和带动就业的数据是多少？带动的是哪些人就业

问题与实操

练习 你准备好路演了吗?

假设你是一家初创公司的创始人,你需要准备一次项目路演,向潜在投资者展示你的项目。请学习表9-3中路演需要注意的关键要素,提高自己公开演讲和有效传达项目价值的能力。

表9-3 路演需要注意的关键要素

序号	控制点	注意事项
1	时间	掌握好时间,不要延迟,提前到达演讲场地
2	路演PPT	路演PPT的制作尽量专业化(图文并茂、概括、总结)
3	姿势仪表	保持微笑 注意眼神接触 手势 不同的语调 吐词清晰 外表干净整洁、突出专业性
4	演讲技巧	从开场白、主要内容开始,以强有力的结尾结束 确保你的语法、拼写和断句完美无缺 说话要清楚,要语速合适而清晰,配合各种语气和手势

考核与评价

姓名		班级		得分
自我评价 （30 分）	自我反思（总结本次任务的完成情况，掌握了哪些知识和技能，锻炼了哪些能力，收获了什么，自己的不足之处以及怎么提升等）			
同学评价 （30 分）	团队互评（主要指在团队中的表现情况）			
教师评价 （40 分）				
	总分 （100 分）			

项目十

你进行工商注册了吗？

项目导读

欧阳某，男，某大学电子信息工程专业2015级学生，经营拥有自己品牌的智能滑板店铺，主要经营各种滑板、智能滑板等，进行滑板技术培训与咨询，并承接各类有关滑板的商业表演。目前已在武汉拥有两家连锁店。

欧阳某本人酷爱滑板，升入大学后，他发现很多同学也有同样的爱好，于是萌生了经营、销售滑板的想法，并进行了一定的市场调查，确定了创业方案。通过向朋友借款和自己的部分存款，欧阳某筹集了10万元资金，于2015年创办了"晨光智能滑板"专营店，开始了自己的创业历程。通过一个多月辛苦的筹备，"晨光智能滑板"诞生了。但初期的经营却不令人满意，少有人来问津。为了改变这种局面，扩大品牌的知名度，推广产品，欧阳某频繁在武汉、长沙各大高校比赛、巡演，结交志同道合的朋友，吸引更多热爱滑板的人，推广自己的品牌，同时也培养了一批新的滑板爱好者。经过几年的努力，"晨光智能滑板"已经初具规模，拥有两家连锁店、300余名会员。

考虑到智能滑板深受年轻人喜欢，在考察市场后，欧阳某决定在长沙开设一家分店，请问他在长沙该如何注册他的新店呢？

知识目标	1. 了解工商注册的概念 2. 了解工商注册的类型 3. 了解工商注册的目的 4. 了解工商注册的各项准备，掌握工商注册的流程
能力目标	能根据所学知识在工商行政管理部门成功注册企业
素质目标	根据二十大报告深化简政放权、放管结合、优化服务改革的政策，培养创业者实践操作能力
教学重点	1. 工商注册的类型 2. 工商注册的目的 3. 工商注册的准备和流程
教学难点	深入理解工商注册的准备和流程
建议学时	6～8学时

雷军（小米科技有限责任公司创始人、董事长、首席执行官）：一百份报告也替代不了和一个真实用户面对面的沟通。

任务 1　了解工商注册的概念和目的

任务描述

武某，21 岁，是商学院的一名学生，在校期间组建了一支创业团队。为拓展团队业务的发展，经与团队成员商议准备成立一家公司。从未注册过公司的他们该准备哪些资料，向哪里递交审批材料呢？

理论学习

知识点①　掌握工商注册

1. 工商注册的概念

工商注册是指企业在国家工商行政管理部门进行登记注册，取得合法经营资格的过程。

2. 工商注册的目的

工商注册可以确保企业的合法性和合规性。只有经过工商注册的企业才能在市场上合法经营，享受各种政策和法律保护。工商注册可以为企业提供更多的发展机会。注册后，企业可以参与各类招投标、合作项目，获得更多的商机和合作伙伴。工商注册还可以为企业提供更多的融资渠道，吸引投资者的关注和资金支持。

3. 注册公司的类型

注册公司的类型包括有限责任公司、股份有限公司、有限合伙企业、外商独资公司、个人独资企业、国有独资公司、其他。

微课

创业一定要开公司吗

情景剧

一定要开公司吗

工作手册

任务名称	了解工商注册的目的
团队成员	

任务实施关键点		

序号	实施步骤	实施策略
1	小组讨论工商注册的必要性	
2	全面了解工商注册的意义,理解工商注册和公司注册的区别等	

工作小结

任务2　掌握工商注册的流程

任务描述

武某已经了解工商注册的目的,那么他们在进行工商注册时有哪些流程需要办理呢?

理论学习

知识点②　工商注册的流程

工商注册的流程包含核准名称、提交资料、领取执照、刻章等事项(见图10-1)。

图10-1　工商注册的流程

(1)核准名称。确定公司类型、名字、注册资本、股东及出资比例后,可以去工商行政管理部门现场或线上提交核名申请。

结果:核名通过,失败则需重新申请核名。

(2)提交资料。核名通过后,确认地址信息、高管信息、经营范围,在线提交预申请。在线预审通过之后,按照预约时间去工商局递交申请材料。

结果:收到准予设立登记通知书。

(3)领取执照。携带准予设立登记通知书、办理人身份证原件,到工商行政管理部门领取营业执照正、副本。

结果:领取营业执照。

(4)刻章等事项。凭营业执照,到公安局指定刻章点办理:公司公章、财务章、合同章、法人代表章、发票章;至此,一个公司注册完成。

微课

如何注册新公司

工作手册

任务名称	模拟工商注册的流程	
团队成员		
任务实施关键点		
序号	实施步骤	实施策略
1	小组对工商注册流程进行讨论	
2	全面掌握资料准备、提交核名、资料签署、领证和章、银行开户和税务登记等具体细则	
工作小结		

任务3　掌握工商注册的准备工作与后续事项

任务描述

武某去相关职能部门办理公司注册时,需要准备哪些资料?后续的注意事项有哪些?

理论学习

知识点③　工商注册的准备和后续事项

1. 工商注册的准备

（1）公司法定代表人签署的《公司设立登记申请书》。
（2）全体股东签署的公司章程。
（3）法人股东资格证明或者自然人股东身份证及其复印件。
（4）董事、监事和经理的任职文件及身份证复印件。
（5）指定代表或委托代理人证明。
（6）代理人身份证及其复印件。
（7）住所使用证明,分为三种情况。
①若是自己房产,需要房产证复印件,自己的身份证复印件。
②若是租房,需要房东签字的房产证复印件,房东的身份证复印件,双方签字盖章的租赁合同和租金发票。
③若是租的某个公司名下的写字楼,需要该公司加盖公章的房产证复印件,该公司营业执照复印件,双方签字盖章的租赁合同,还有租金发票。
（8）募集设立的股份有限公司提交依法设立的验资机构出具的验资证明。
（9）募集设立的股份有限公司公开发行股票的应提交国务院证券监督管理机构的核准文件。

2. 工商注册后续事项

（1）办理银行基本户。
公司注册完成后,需要办理银行基本户开户。基本户是公司资金往来的主要账户,经营活动的日常资金收付以及工资、奖金和现金的支取都可以通过这个账户来办理。每个公司只能开一个基本户。
（2）记账报税。
完成公司注册后,需先办理税务报到,报到时需提供一名会计的信息（包括姓名、身份证号、联系电话）。公司成立后一个月起,需要会计每月记账并向税务机关申报纳税。企业准备好资料到专管所报到后，税务局将核定企业缴纳税金的种类、税率、申报税金的时间，及企业的税务专管员。企业日后将根据税务部门核定的税金进行申报与缴纳。

（3）缴纳社保。

公司注册完成后，需要在30天内到所在区域管辖的社保局开设公司社保账户，办理《社保登记证》及CA证书，并和社保、银行签订三方协议。之后，社保的相关费用会在缴纳社保时自动从银行基本户里扣除。

（4）申请税控及发票。

如果企业要开发票，需要申办税控器，参加税控使用培训，核定申请发票。完成申请后，企业就可以自行开具发票了。

（5）企业年报。

根据《企业信息公示暂行条例》规定，每年1月1日至6月30日，企业应当报送上一年度年度报告，内容包括公司基本情况简介、主要财务数据和指标、股本变动及股东情况等。

注：每年需要做年报的企业是：营业执照上，注册时间为前一年12月31日前的大陆企业。

工商行政规定，未按规定期限公示年度报告的企业，工商机关会将其载入经营异常名录，并处罚款。超过三年未年报的企业，将会纳入严重违法企业"黑名单"。纳入异常名录后，企业将无法变更、注销、转股，对外合作时，社会公众可随时查看到该公司的异常情况。同时对法人、高管进行行政限制。

3. 常用资源

（1）市场主体登记服务网址：https://dj.samr.gov.cn/。
（2）国家法律法规数据库：https://flk.npc.gov.cn/。
（3）经营范围规范表述查询系统：https://www.jyfwyun.com/。

工作手册

任务名称	讨论并准备工商注册的材料	
团队成员		
任务实施关键点		
序号	实施步骤	实施策略
1	小组对工商注册的资料准备和后续事项进行讨论	
2	全面了解，工商注册准备9条后续5条相关要求	
工作小结		

随堂练习

1. 简述注册公司的类型。

2. 简述工商注册的目的。

3. 简述工商注册的流程。

4. 简述工商注册的准备工作。

创业特训营

组建自己的团队,注册创业公司,讨论并填写表 10–1 工商注册流程表。

表 10–1　工商注册流程

任务名称	模拟进行工商注册	
团队成员		
任务实施关键点		
序号	实施步骤	实施策略
1		
2		
3		
4		
5		
6		
工作小结		

根据讨论的情况，填写会议纪要。

会议主题		会议时间	
参会人		主持人	

会议内容：

会议结论：

签名：

拓展知识梳理

近期,从事锂电池电解液新型添加剂生产的河北圣泰材料股份有限公司(以下简称圣泰材料)冲刺深交所主板市场IPO(首次公开募股)。《每日经济新闻》记者注意到,圣泰材料在报告期内(2020—2022年及2023年上半年,下同)对主要客户比亚迪的依赖性逐渐增强,2023年上半年对比亚迪的销售收入占比超过六成。报告期内,公司现金分红共1.54亿元,圣泰材料拟通过此次IPO募资10.46亿元,超过其自身资产总额,而且其中2亿元拟用于补充流动资金。此外,圣泰材料在2023年初登陆新三板时,曾被发现其重要贸易商客户的子公司和研发合作机构的关联公司工商注册信息相同,圣泰材料实控人也曾持股该研发合作机构。记者梳理发现,该客户和研发合作机构之间还存在更多交集。

对比亚迪销售占比超六成

招股说明书(申报稿)(以下简称招股书)显示,圣泰材料主要从事锂电池电解液新型添加剂的研发、生产和销售。报告期内,圣泰材料的营业收入分别为1.58亿元、2.75亿元、4.33亿元和2.95亿元,扣非净利润分别为5823.28万元、1.17亿元、1.97亿元和1.38亿元。不过,圣泰材料存在对第一大客户较大依赖的情况。按照招股书,圣泰材料在报告期内对B公司终端的销售占比分别为32.07%、42.06%、50.64%和64.05%。根据圣泰材料在2023年1月登陆新三板时披露的公开转让说明书以及多家媒体报道,B公司即比亚迪。值得一提的是,圣泰材料在报告期内的主营业务毛利率分别为58.43%、59.19%、62.75%和68.14%,而同行业可比公司在2020年至2022年各年度的平均值为37.53%、54.93%、39.68%,远低于圣泰科技,后者则在招股书中解释称其产品是新型添加剂,具有技术和专利壁垒、市场竞争者较少、下游需求旺盛等特点,产品单价较高,毛利率相对稳定,而可比公司的是常规添加剂。《每日经济新闻》记者注意到,2022年和2023年上半年,公司主营业务毛利率更是大幅提升,圣泰材料解释称,这是由于对比亚迪的销售由贸易商模式转为直销模式。此外,圣泰材料在2021年至2023年上半年连续进行现金分红,达1.54亿元,其中,2023年上半年分红金额超过6000万元。圣泰材料此次拟通过IPO募资10.46亿元,这一金额是圣泰材料截至2023年上半年末资产总额的1.43倍,拟募集资金中有2亿元拟用于补充流动资金。

第一大客户是一家贸易商

根据招股书,圣泰材料的销售模式分为直销和贸易商销售。2020年和2021年,圣泰材料的第一大客户是一家贸易商,名叫天津百途国际贸易有限公司(以下简称天津百途),圣泰材料对其的销售收入占比分别为38.74%和52.25%。2022年和2023年上半年,随着圣泰材料将部分通过天津百途对终端客户的销售转为直销,尽管天津百途仍然是圣泰材料的第一和第四大客户,但圣泰材料对其的销售收入占比已快速下降至33.78%和5.41%。另外,圣泰材料还有一家名为天津鑫源广泰新材料科技有限公司(以下简称鑫源广泰)的供应商,这是圣泰材料的研发合作机构。圣泰材料在招股书中表示，报告期内，公司在产品研发的过程中，将部分重复性试验工作委托给鑫源广泰，公司可集中精力攻克核心技术部分。《每日经济新闻》记者注意到，2020年至2022年各年度，圣泰材料对鑫源广泰的采购金额分别为173.36万元、209.78万元和112.44万元。根据招股书，圣泰材料实控人梅银平曾持有鑫源广泰50%的股权。梅银平在2018年8月将鑫源广泰50%的股权转让，于2022年10月才收到股权转让款，出于谨慎性原则，圣泰材料将鑫源广泰认定为了关联方。值得一提的是，圣泰材料在2023年初登陆新三板时，曾被股转公司注意到，天津百途的全资子公司盘锦百途新材料科技有限公司（以下简称盘锦百途），与鑫源广泰控股股东赵林桂持股65.79%的辽宁鑫义源锦新材料股份有限公司（以下简称鑫义源锦）工商注册信息（地址、电话）相同。圣泰材料彼时回应称，鑫义源锦在2019年成立时曾租赁厂房进行办公，后来因鑫义源锦新建厂房建成投产，其租赁的办公地址不再使用，但未及时办理工商信息变更手续。2021年，天津百途新设子公司盘锦百途为了方便注册和办公，经赵林桂介绍，向盘锦市双台子园区租赁了鑫义源锦承租的场地作为工商注册地址，导致盘锦百途和鑫义源锦的工商注册地址和注册电话相同。

为何工商注册信息相同？

记者注意到，第三方查询平台显示，鑫义源锦历年所披露年报显示，其工商注册地址直到现在仍是上述承租场地地址，并未有改变。而在企业联系电话方面，鑫义源锦在2019年年报和2020年年报披露的电话都不与盘锦百途相同。在2021年的年报中，鑫义源锦的企业联系电话已变更，并且与盘锦百途的电话一致，2021年也正是盘锦百途搬至鑫义源锦原来所承租场地的那一年。事实上，在2021年年报中，与盘锦百途和鑫义源锦的工商注册信息（地址、电话）相同的还有一家公司，名为盘锦鑫百途新材料科技有限公司（以下简称鑫百途），但在2023年年报中，鑫百途和盘锦百途这两家名字仅一字之差的公司均为另一个相同的企业联系电话。鑫百途成立于2016年8月，由赵林桂所控股。2023年10月27日，赵林桂退出鑫百途的股东之列。天津百途在招聘软件上介绍称，公司在天津滨海高新区滨海创新创业园建立有联合研发实验室，主要负责新化合物的技术开发及定制合成，新产品工艺放大生产；在河北省石家庄市有合作生产基地，主要生产尖端锂电池电解液添加剂系列产品；在盘锦有实体工厂，负责研发客户需求相关产品。这里所说的位于天津的联合研发实验室，以及位于石家庄的合作生产基地，是否指向鑫源广泰和圣泰材料，则不得而知。天津百途的子公司与鑫源广泰的关联企业之间为何工商注册信息相同？圣泰材料与天津百途、鑫源广泰之间到底是什么关系？2024年3月19日，《每日经济新闻》记者向圣泰材料发去采访函，但其在回复中并未给予直接回应。

问题与实操

练习　填写相关表格

公司登记（备案）申请书

□基本信息（必填项）			
名　　称	_____ （集团母公司需填写：集团名称： 集团简称：　　　　　　　　　　　　　　　　　）		
统一社会信用代码 （设立登记不填写）			
住　　所	_____省（市/自治区）_____市（地区/盟/自治州）_____ 县（自治县/旗/自治旗/市/区）_____乡（民族乡/镇/街道） _____村（路/社区）号		
联系电话		邮政编码	
□设立（仅设立登记填写）			
法定代表人 姓名		公司类型	□有限责任公司 □股份有限公司 □外资有限责任公司 □外资股份有限公司
注册资本	_____万元（币种：□人民币　　　□其他_____）		
投资总额 （外资公司填写）	_____万元（币种：_____）　　　折美元：_____ 万美元		
设立方式 （股份公司填写）	□发起设立 □募集设立	经营期限	□长期 □_____年
申领执照	□申领纸质执照　其中：副本_____个（电子执照系统自动生成， 纸质执照自行勾选）		
经营范围 （根据登记机关公布的 经营项目分类标准 办理经营范围登记）	（涉及"多证合一"事项办理的，申请人须根据市场主体自身情况填 写《"多证合一"政府部门共享信息项》相关内容。）		

注：本申请书适用于内资、外资公司申请设立、变更、备案。

□变更（仅变更登记填写，只填写与本次申请有关的事项）		
变更事项	原登记内容	变更后登记内容

注：变更事项包括名称、住所、法定代表人（姓名）、注册资本、公司类型、经营范围、有限责任公司股东（股东姓名或者名称）、股份有限公司发起人的姓名或者名称。

申请公司名称变更，在名称中增加"集团或（集团）"字样的，应当填写集团名称、集团简称（无集团简称的可不填）。

□备案（仅备案填写）	
事项	□公司董事、监事、高级管理人员 □经营期限 □章程（含修正案） □认缴出资数额 □联络员 □外商投资企业法律文件送达接受人

注：高级管理人员包括经理、副经理、财务负责人，上市公司董事会秘书和公司章程规定的其他人员。

□指定代表/委托代理人（必填项）			
委托权限	1. 同意□ 不同意□ 核对登记材料中的复印件并签署核对意见 2. 同意□ 不同意□ 修改企业自备文件的错误 3. 同意□ 不同意□ 修改有关表格的填写错误 4. 同意□ 不同意□ 领取营业执照和有关文书			
固定电话		移动电话		指定代表/委托代理人签字	

（指定代表或者委托代理人身份证件复、影印件粘贴处）

续表

□申请人签署（必填项）

本申请人和签字人承诺如下，并承担相应的法律责任：
（一）填报的信息及提交的材料真实、准确、有效、完整。
（二）使用的名称符合《企业名称登记管理规定》有关要求，不含有损国家、社会公共利益或违背公序良俗及有其他不良影响的内容；名称与他人使用的名称近似侵犯他人合法权益的，依法承担法律责任；如使用的名称被登记机关认定为不适宜名称，将主动配合登记机关进行纠正。
（三）已依法取得住所（经营场所）使用权，申请登记的住所（经营场所）信息与实际一致。
（四）经营范围涉及法律、行政法规、国务院决定规定、地方行政法规和地方规章规定，需要办理许可的，在取得相关部门批准前，不从事相关经营活动。
全体股东签字或盖章（仅限有限责任公司设立登记，可另附签字页）：
董事会成员签字（仅限股份有限公司设立登记，可另附签字页）：
法定代表人签字：

公司盖章
年 月 日

注：公司更换法定代表人的变更登记申请由新任法定代表人签字。

法定代表人信息

本表适用于设立及变更法定代表人填写。

姓名		国别（地区）	
职务	□董事长 □执行董事 □经理	产生方式	
身份证件类型		身份证件号码	
固定电话		移动电话	
住所		电子邮箱	
（身份证件复、影印件粘贴处）			
拟任法定代表人签字：			
			年 月 日

董事、监事、高级管理人员信息
（担任法定代表人的董事长、执行董事、经理不重复填写）

姓名_____ 国别（地区）_____ 职务_____ 产生方式_____

身份证件类型_____ 身份证件号码_____ 移动电话_____

（身份证件复、影印件粘贴处）

注：1. "职务"指董事长（执行董事）、董事、经理、监事会主席、监事、副经理、财务负责人、董事会秘书等。上市股份有限公司设置独立董事的应在"职务"栏内注明。

2. "产生方式"按照章程规定填写，董事、监事一般应为"选举"或"委派"；经理一般应为"聘任"。中外合资（合作）企业应当明确上述人员的委派方。

3. 高级管理人员包括"经理、副经理、财务负责人，上市公司董事会秘书和公司章程规定的其他人员"。

姓名_____ 国别（地区）_____ 职务_____ 产生方式_____

身份证件类型_____ 身份证件号码_____ 移动电话_____

（身份证件复、影印件粘贴处）

备注事项同上

续表

| 姓名_____ 　国别（地区）_____ 　　职务_____ 　　产生方式_____ |
| 身份证件类型_____ 　身份证件号码_____ 　　　　　移动电话_____ |

（身份证件复、影印件粘贴处）

备注事项同上

股东（发起人）、外国投资者出资情况

股东（发起人）、外国投资者名称或姓名	国别（地区）	证件类型	证件号码	认缴出资额	实缴出资额	出资（认缴）时间	出资方式

单位：万元（币种：□人民币　□其他_____）

联络员信息

姓名		固定电话	
移动电话		电子邮箱	
身份证件类型		身份证件号码	

（身份证件复、影印件粘贴处）

注：1. 联络员主要负责本企业与企业登记机关的联系沟通，以本人个人信息登录国家企业信用信息公示系统依法向社会公示本企业有关信息等。联络员应了解企业登记相关法规和企业信息公示有关规定。

2.《联络员信息》未变更的不需重填。

项目十 你进行工商注册了吗？

考核与评价

姓名		班级		得分
自我评价 （30分）	自我反思（总结本次任务的完成情况，掌握了哪些知识和技能，锻炼了哪些能力，收获了什么，自己的不足之处以及怎么提升等）			
同学评价 （30分）	团队互评（主要指在团队中的表现情况）			
教师评价 （40分）				
	总分 （100分）			

项目十一

你参加创业大赛了吗?

项目导读

　　湖北某高校 2021 届建筑与装饰学院学生黄某，大学期间就对创业充满热忱。临近毕业时，她报名参加了学校举办的"互联网+"大学生创新创业大赛。

　　在准备参赛的过程中，黄某深刻体会到大赛不仅是一个展现自我、检验才能的舞台，更是磨砺创业意志、创业经验的绝佳机遇。她先是组建了一支由 2 名同学组成的创业团队，然后围绕着移动互联网领域的商业想法，反复打磨项目方案。为了增加项目的说服力，他们广泛调研了市场现状，分析了目标用户群体的需求痛点，同时对潜在竞争对手的产品和运营模式进行了评估。

　　在层层选拔中，黄某团队的项目方案赢得了评委的一致好评，最终杀入省决赛。在压力与期待的激荡下，黄某按捺住内心的激动，沉着冷静地向评委们阐释了项目的核心理念、盈利模式、技术可行性等关键内容。他引经据典、娴熟答辩，展现出扎实的专业素养和超强的临场发挥能力，为自己的创业梦想增添了砝码。

　　尽管最终未能夺得大赛冠军，但获得湖北省二等奖的名次，这次宝贵的参赛体验让黄某收获颇丰。一方面，她在项目策划、产品设计、团队协作等方面积累了实战经验；另一方面，大赛也让她结识了一批志同道合的创业伙伴，为未来的合作奠定了基础。

　　黄某的故事昭示了一个简单而深刻的道理：大学生应当勇于挑战自我、主动拥抱机遇。只有通过实践的锻炼，才能不断成长、积累经验，为将来的创业之路添砖加瓦。因而，积极参与各类创新创业大赛，是青春绽放光彩的绝佳舞台。

知识目标	1. 掌握创业大赛的基本概念和流程 2. 了解创业项目策划、市场调研、商业模式设计的基础知识 3. 认识创业大赛在创业教育和实践中的作用
能力目标	1. 能够独立或团队协作策划创业项目方案 2. 能够进行市场调研,分析用户需求,评估竞争对手 3. 提升在公众场合的演讲和答辩能力
素质目标	1. 培养学生的创新思维和创业精神 2. 增强学生的团队协作能力和抗压能力 3. 激发学生勇于挑战自我、抓住机遇的积极态度
教学重点	1. 创业大赛的参赛流程和准备要点 2. 创业项目方案的策划与完善 3. 如何在创业大赛中有效展示和答辩
教学难点	深入理解创业目标,准确描述项目信息,设计出具有创新性和可行性的商业模式
建议学时	8~10 学时

创业名言

张一鸣(字节跳动创始人):没有免费的午餐。创业公司要出人头地,就要求有非常高的自我要求。告别"差不多""还行""先这样吧",告别工作掉链子、拖拉、80 分。

任务1　了解创业大赛

任务描述

武某，20岁，是机电学院的一名学生，平时在课余喜欢搞些小发明，也在学习中萌生出了一些创业的点子。有些创业的点子常常会让他兴奋不已，可是又担心这些创业的点子不被认可。他想通过创业大赛展示自己，应该从哪些方面着手呢？

理论学习

知识点① 举办大学生创业大赛的主要任务

以赛促教，探索人才培养新途径。全面提高人才自主培养质量，强化高校课程思政建设，深入推进新工科、新医科、新农科、新文科建设，深化创新创业教育改革，引领各类学校人才培养范式深刻变革，形成新的人才培养质量观和质量标准，切实提高学生的创新精神、创业意识和创新创业能力。

以赛促学，培养创新创业生力军。着力造就拔尖创新人才，激励广大青年扎根中国大地了解国情民情，在创新创业中增长智慧才干，怀抱梦想又脚踏实地，敢想敢为又善作善成，做有理想、敢担当、能吃苦、肯奋斗的新时代好青年。

以赛促创，搭建产教融合新平台。把教育融入经济社会发展，推动成果转化和产学研用融合，促进教育链、人才链与产业链、创新链有机衔接，以创新引领创业、以创业带动就业，推动形成高校毕业生更高质量创业就业的新局面。

大学生参加创业大赛的重要意义：

1. 新时代发展的重要要求

中国正处在经济发展与人才储备的重要阶段，要使经济发展方式从根本上发生改变即从资源依赖型发展到创新驱动型发展，离不开优秀的创新型人才以及国家在经济政策上的支持。高校是创新创业教育的主阵地，实现人才转型培养高校义不容辞。同时大学生也最应该承担起创新的责任。所以在创新人才培养方法、驱动教育模式改革以及创新教育教学方法和培养学生们的创新创业本领各方面都是高校的责任，因而，高校对大学生创新创业能力的培养成为国家经济发展转型的核心环节。

2. 提高创业质量，扩大就业需求的重要方法

我国对产业结构的调整和对教育政策的放宽以及各行业的要求日益增高，导致越来越多的大学毕业生面临就业难的问题。因此，参加创业比赛让大学生有创新创业意识和能力，一方面可以催生一大批新兴产业，另一方面也可以提高创业质量，为社会创造出人才需求缺口，是未雨绸缪缓解社会就业问题的良好方法。

3. 实现人生理想和价值的重要抓手

大学生正处在创新创业思想形成的萌芽阶段也是关键时期,广大学生应在高校的鼓励支持下参加创业比赛,并在过程中激发自己的潜能,展示个人的魄力,为自己未来的大胆尝试提供一份信心和勇气。

微课

参加创业大赛都是浪费时间吗

全国大学生创业大赛

工作手册

任务名称	了解什么是大学生创业大赛	
团队成员		
任务实施关键点		
序号	实施步骤	实施策略
1	明确大赛的目的	
2	认识大赛的重要性	
工作小结		

任务 2　准备创业大赛

任务描述

武某已经决定参加创业大赛,并准备将自己的创业点子转化为实际的项目。但他知道,单纯的想法并不足以赢得比赛,他需要系统地筹备。他该如何有效地准备,以确保在比赛中脱颖而出呢?

理论学习

知识点②　筹备参加创业大赛的方法

第五届中国杭州
大学生创业大赛
总决赛

情景剧

参加创业路演
大赛拿奖有用吗

1. 确定项目方向

参加创业大赛前,首先需要确定自己的项目方向。可以从自身的兴趣爱好、专业背景、市场需求等方面入手,寻找切入点。同时,也需要考虑项目的可行性和创新性,以及是否符合比赛的主题和要求。

2. 制定计划

确定项目方向后,需要制定详细的计划。计划包括时间节点、任务分配、预算等内容。制定计划的目的是为了让团队成员清楚自己的任务和时间节点,保证项目的顺利进行。

3. 组建学生团队

创业大赛需要组建一个团队,团队成员需要具备不同的技能和专业背景,以便能够全面考虑项目的各个方面。团队成员之间需要相互信任、合作,共同推进项目的进展。

4. 邀请指导教师

参加项目应邀请有专业、行业、大赛经验背景等方面的教师参与项目指导,以便全面地审视、调整项目的可行性和团队合作的协调性,全面高效地推进项目的进展。

5. 进行市场调研

在确定项目方向后,需要进行市场调研,了解市场需求和竞争情况。市场调研可以通过问卷调查、访谈、网络搜索等方式进行。通过市场调研,可以更好地了解市场需求和竞争情况,为产品设计和商业模式的制定提供依据。

6. 产品设计

产品设计是创业大赛中非常重要的一环。产品设计需要考虑用户需求、市场需求、技术可行性等因素。产品设计需要不断地进行迭代和优化，以满足用户需求和市场需求。

7. 制定商业模式

商业模式是指企业如何创造价值并获得利润的方式。商业模式需要考虑产品的定价、销售渠道、营销策略等因素。商业模式需要与产品设计相结合，以实现商业价值。

8. 商业计划书撰写

商业计划书是参加创业大赛的必备材料之一。商业计划书需要包括项目概述、市场分析、产品设计、商业模式、财务预测等内容。商业计划书需要清晰、简洁、有说服力，能够吸引评委的注意力。

9. 路演准备

路演是参加创业大赛的重要环节之一。路演需要准备演讲稿、PPT等材料。演讲稿需要简洁、有逻辑、有说服力，能够吸引评委的注意力。PPT需要美观、简洁、有重点，能够突出项目的亮点。

10. 比赛前的准备

比赛前需要进行充分的准备。包括对商业计划书和路演材料的反复修改和完善，对团队成员的角色和任务进行明确，对比赛规则和评分标准进行了解和熟悉，对比赛场地和设备进行考察和调试等。

知识点③ 职业院校学生参赛项目类型选择与要点把握

1. 参赛项目类型

（1）创新类：以技术、工艺或商业模式创新为核心优势。
（2）商业类：以商业运营潜力或实效为核心优势。
（3）工匠类：以体现敬业、精益、专注、创新为内涵的工匠精神为核心优势。

2. 参赛项目分组

（1）创意组：参赛项目具有较好的创意和较为成型的产品原型、服务模式或针对生产加工工艺进行创新的改良技术，尚未完成工商等各类登记注册。
（2）创业组：参赛项目已完成工商等各类登记注册。

3. 参赛项目要点把握

(1) 创意组。见表 11-1。

表 11-1 创意组要点把握

要点	内容
教育维度	1. 项目应弘扬正确的价值观，厚植家国情怀，恪守伦理规范，有助于培育创新创业精神 2. 项目符合将专业知识与商业知识有效结合并转化为商业价值或社会价值的创新创业基本过程和基本逻辑，展现创新创业教育对创业者基本素养和认知的塑造力 3. 体现团队对创新创业所需知识（专业知识、商业知识、行业知识等）与技能（计划、组织、领导、控制、创新等）的娴熟掌握与应用，展现创新创业教育提升创业者综合能力的效力 4. 项目充分体现团队解决复杂问题的综合能力和高级思维；体现项目成长对团队成员创新创业精神、意识、能力的锻炼和提升作用 5. 项目能充分体现院校在职业教育建设方面取得的成果；体现院校在项目的培育、孵化等方面的支持情况；体现职普融通、产教融合、科教融汇、多学科交叉、专创融合、产学研协同创新等模式在项目的产生与执行中的重要作用
创新维度	1. 具有原始创意、创造 2. 具有面向培养"大国工匠"与能工巧匠的创意与创新 3. 项目体现产教融合模式创新、校企合作模式创新、工学一体模式创新 4. 鼓励面向职业和岗位的创意及创新，侧重于加工工艺创新、实用技术创新、产品（技术）改良、应用性优化、民生类创意等
团队维度	1. 团队的组成原则与过程是否科学合理；团队是否具有支撑项目成长的知识、技术和经验；是否有明确的使命愿景 2. 团队的组织构架、人员配置、分工协作、能力结构、专业结构、合作机制、激励制度等的合理性情况 3. 团队与项目关系的真实性、紧密性情况；对项目的各项投入情况；创立创业企业的可能性情况 4. 支撑项目发展的合作伙伴等外部资源的使用以及与项目关系的情况
商业维度	1. 充分了解所在产业（行业）的产业规模、增长速度、竞争格局、产业趋势、产业政策等情况，形成完备、深刻的产业认知 2. 项目具有明确的目标市场定位，对目标市场的特征、需求等情况有清晰的了解，并据此制定合理的营销、运营、财务等计划，设计出完整、创新、可行的商业模式，展现团队的商业思维 3. 其他：项目落地执行情况；项目促进区域经济发展、产业转型升级的情况；已有盈利能力或盈利潜力情况
社会价值维度	1. 项目直接提供就业岗位的数量和质量 2. 项目间接带动就业的能力和规模 3. 项目对社会文明、生态文明、民生福祉等方面的积极推动作用

（2）创业组。见表 11-2。

表 11-2　创业组要点把握

要点	内容
教育维度	1. 项目应弘扬正确的价值观，厚植家国情怀，恪守伦理规范，有助于培育创新创业精神 2. 项目符合将专业知识与商业知识有效结合并转化为商业价值或社会价值的创新创业基本过程和基本逻辑，展现创新创业教育对创业者基本素养和认知的塑造力 3. 体现团队对创新创业所需知识（专业知识、商业知识、行业知识等）与技能（计划、组织、领导、控制、创新等）的娴熟掌握与应用，展现创新创业教育提升创业者综合能力的效力 4. 项目充分体现团队解决复杂问题的综合能力和高级思维；体现项目成长对团队成员创新创业精神、意识、能力的锻炼和提升作用 5. 项目能充分体现院校在职业教育建设方面取得的成果；体现院校在项目的培育、孵化等方面的支持情况；体现职普融通、产教融合、科教融汇、多学科交叉、专创融合、产学研协同创新等模式在项目的产生与执行中的重要作用
商业维度	1. 充分掌握所在产业（行业）的产业规模、增长速度、竞争格局、产业趋势、产业政策等情况；具有明确的目标市场定位，充分掌握目标市场的特征、需求等情况；具有完整、创新、可行的商业模式 2. 经营绩效方面，重点考察项目存续时间、营业收入（合同订单）现状、企业利润、持续盈利能力、市场份额、客户（用户）情况、税收上缴、投入与产出比等情况 3. 经营管理方面，是否有清晰的企业发展目标；是否有完备的研发、生产、运营、营销等制度和体系；是否采用先进、科学的管理方法，以确保企业具有较强的竞争力 4. 成长性方面，是否有清晰、有效、全方位的企业发展战略，并拥有可靠的内外部资源（人才、资金、技术等方面）实现企业战略，以建立企业的持续竞争优势 5. 现金流及融资方面，关注项目融资情况、获取资金渠道情况、企业经营的现金流情况、融资需求及资金使用情况是否合理 6. 项目促进区域经济发展、产业转型升级的情况
团队维度	1. 团队的组成原则与过程是否科学合理；团队是否具有独特的支撑项目成长的知识、技能、经验以及成熟的外部资源网络；是否有明确的使命愿景 2. 公司是否具有合理的组织构架、清晰的指挥链、科学的决策机制；是否有合理的岗位设置、分工协作、专业能力结构；是否有良好的内部沟通机制；是否有合理的股权结构、激励制度等 3. 团队对项目的各项投入情况及团队成员的稳定性情况 4. 支撑公司发展的合作伙伴等外部资源的使用以及与公司关系的情况
创新维度	1. 具有原始创意、创造 2. 具有面向培养"大国工匠"与能工巧匠的创意与创新 3. 项目体现产教融合模式创新、校企合作模式创新、工学一体模式创新 4. 鼓励面向职业和岗位的创意及创新，侧重于加工工艺创新、实用技术创新、产品（技术）改良、应用性优化、民生类创意等
社会价值维度	1. 项目直接提供就业岗位的数量和质量 2. 项目间接带动就业的能力和规模 3. 项目对社会文明、生态文明、民生福祉等方面的积极推动作用

工作手册

任务名称	知道如何筹备参加大学生创业大赛	
团队成员		
任务实施关键点		
序号	实施步骤	实施策略
1	确定项目方向	
2	项目规划与团队组建	
3	邀请指导教师	
4	市场调研与产品设计	
5	撰写商业计划书	
6	路演材料准备	
7	选择参赛项目类型与分组	
8	把握参赛要点	
工作小结		

随堂练习

1. 参加创业大赛的意义是什么?

2. 筹备参加创业大赛的方法有哪些?

3. 职业院校学生参赛项目类型选择与要点有哪些?

创业特训营

结合本项目所学的知识点，以小组形式完成以下任务，并填写项目进展表（见表11-3）。

（1）确定创业项目：小组内讨论并确定一个具有市场潜力的创业项目，明确项目的创新点和商业模式。

（2）市场调研与分析：进行实际的市场调研，收集相关数据，分析市场需求、竞争对手以及目标客户群，为项目定位提供依据。

（3）商业计划书撰写：撰写一份完整的商业计划书，包括项目概述、市场分析、产品设计、营销策略、财务预测等关键内容。

（4）路演准备与演练：根据商业计划书准备路演材料，包括演讲稿和PPT，并进行多次演练，确保能够在限定时间内清晰、有逻辑地展示项目。

（5）团队合作与分工：小组内明确各成员的角色和责任，确保每个环节都有专人负责，提升团队协作效率。

（6）成果展示与答辩：在特训营结束时，进行项目展示和答辩，接受评委和同行的提问与建议，进一步提升项目质量。

表 11-3 项目进展

阶段	任务内容	完成情况	完成时间	负责人

项目十一　你参加创业大赛了吗？

根据讨论的情况，填写会议纪要。

会议主题		会议时间	
参会人		主持人	
会议内容：			
会议结论：			
签名：			

拓展知识梳理

1. 创业大赛的历史与发展

创业大赛作为一种选拔和培养创新创业人才的方式，起源于 20 世纪末，旨在激发青年人的创业热情和创造力。

随着创新创业教育的普及和深入，创业大赛逐渐成为高校、政府、企业等多方共同推动的重要活动，规模和影响力不断扩大。

2. 创业大赛的多元价值

（1）教育价值：创业大赛为参赛者提供了实践创新创业理念的平台，通过比赛过程中的挑战和磨炼，帮助青年学生提升创业能力、团队协作能力和解决问题的能力。

（2）社会价值：创业大赛可以推动社会创新创业氛围的形成，激发更多人的创业热情，为经济社会发展注入新的活力。

（3）人才选拔价值：创业大赛是发现和选拔优秀创新创业人才的重要途径，为投资人、企业和政府提供了了解、接触和合作的机会。

3. 创业大赛中的关键成功因素

（1）独特的创意和商业模式：在创业大赛中脱颖而出，首先需要具备独特的创意和可行的商业模式，能够解决市场痛点并创造价值。

（2）强大的团队协作能力：一个优秀的团队是创业成功的关键。在创业大赛中，团队协作能力、执行力和创新精神都是评委重点考察的方面。

（3）充分的市场调研和准备：深入了解市场需求、竞争对手和目标客户群，为项目定位和发展策略提供有力支持。

（4）精彩的现场表现：在路演和答辩环节，清晰、有逻辑、有感染力的表达能够增加项目的吸引力，提升评委和观众的好感度。

问题与实操

练习　你会撰写大学生创业大赛项目策划书了吗?

选择一个你感兴趣的创业领域或问题,并构思一个相应的创业项目。撰写一份项目策划书,需包括以下内容:

(1)项目概述:简要介绍项目的背景、目的和预期成果。

(2)市场分析:进行目标市场的调研和分析,包括市场需求、竞争对手分析、目标客户群等。

(3)产品或服务描述:详细说明你的产品或服务是什么,如何解决市场痛点,并具备哪些创新点。

(4)商业模式:阐述你的商业模式,包括定价策略、销售渠道、营销推广等。

(5)团队介绍:描述你的团队成员及各自的专业背景和技能,以及他们在项目中的角色和责任。

(6)财务预测与投资回报分析:提供初步的财务预测,包括成本、收入和盈利预测,并说明投资者可以获得的回报。

考核与评价

姓名		班级		得分
自我评价 （30 分）	自我反思（总结本次任务的完成情况，掌握了哪些知识和技能，锻炼了哪些能力，收获了什么，自己的不足之处以及怎么提升等）			
同学评价 （30 分）	团队互评（主要指在团队中的表现情况）			
教师评价 （40 分）				
总分 （100 分）				

项目十二

你的创业项目落地实施顺利吗？

项目导读

湖北某高校2013届信息工程学院毕业生张某，凭借对市场趋势的精准判断和对技术的不断创新，他创办的公司在短短几年内取得了长足的发展。2015年，公司荣获武汉市洪山区大学生创业大赛三等奖，他也是唯一一个获奖的高职毕业生。目前，该公司已获得高新企业认证，成为3D打印领域的后起之秀。

张某的创业项目顺利落地，除了因为自身把握了市场发展的方向外，也得到了洪山区针对创业大学生的扶持政策。张某在创业的早期，因为创业大赛的奖励，顺利入住了洪山区大学生孵化器，解决了早期资金紧张的问题。

本项目将从大学生创业项目实施开始，指导读者通过了解创业项目的实施要素，对自己的创业项目的落地风险、管理能力需求进行分析，助力读者的创业项目成功落地实施。

知识目标	1. 了解项目孵化的内涵与流程 2. 了解创业项目孵化的类型 3. 了解项目落地的具体准备 4. 掌握创新创业实践的必备能力
能力目标	1. 具备创业的素质要求 2. 掌握创业项目孵化的流程
素质目标	1. 具备长远的战略眼光,能够制定切实可行的项目计划 2. 具备强大的执行力 3. 在项目落地过程中不断进步和成长
教学重点	1. 大学生创业项目孵化的流程 2. 大学生创业项目落地前的准备工作 3. 大学生创业项目所需的管理能力
教学难点	如何孵化自己的创业项目
建议学时	2~4学时

李开复（创新工场董事长兼首席执行官）：执行力比创造力更重要。

任务1　大学生创业的素质要求

任务描述

陆某，是轻化工程学院的一名学生。他是一位充满激情和野心的创业者，他带领团队做过很多项目，涉足过多个领域。然而，尽管付出了大量的努力，但团队的成绩始终不尽如人意，业绩也没有什么起色。他不断地检视自己和团队出现的问题，努力让自己的项目能够顺利落地实施。

理论学习

知识点①　大学生创业的素质要求

微课　创业必须全心投入吗

微课　休学创业是否是一个好选择

1. 思想状态的准备

切不可心高气傲，目空一切，因为大学生创业最大的优势是创新能力，最大的劣势就是缺乏社会经验。若是不能脚踏实地一步一个脚印，就会错过创业当中的重要信息，所谓细节决定成败，很小的失误，就会导致全盘皆输。

2. 创业的自我认知

有了充分的思想准备以后，就要选择适合自己的项目。现在社会高速发展，人员流动大，催生出来很多好的项目。但是大多都不适合大学生创业，因为每个人的情况不同，选择也会大相径庭，要充分地分析利弊得失，选择适合自己的项目才是好的项目。

3. 综合思维与创新能力

大学生创业者需要具备综合思维与创新能力，应能够洞察市场趋势，识别消费者需求，创造性地解决问题。使他们能够在竞争激烈的市场中找到独特的定位，开发出具有竞争力的产品和服务。通过不断学习和实践，培养出能够快速适应变化并引领潮流的能力。

4. 战略规划与风险管理

成功的创业需要明确的战略规划和有效的风险管理。创业者应能够制定长远的商业目标，并通过细致的计划和执行策略来实现这些目标。同时，他们需要识别和评估可能遇到的各种风险，制定相应的风险缓解措施。这要求创业者具备前瞻性思维，能够在不确定性中做出明智的决策，并确保企业在不断变化的环境中稳健发展。

5. 团队领导与人际交往

创业者需要组建并领导一个高效的团队，这不仅需要他们具备良好的沟通能力，还需要能够激励团队成员，促进团队合作。此外，通过建立广泛的社会联系，创业者能够获得必要的资源和支持，为创业项目的成长创造有利条件。

工作手册

任务名称	总结分析创业的素质要求	
团队成员		
任务实施关键点		
序号	实施步骤	实施策略
1	结合创业项目，进行自我评价	
2	做好会议记录	
工作小结		

任务 2　大学生创业项目的落地实施

任务描述

陆某，在检视自己和团队出现的问题后，如何改进自己的项目，使项目能够顺利落地实施呢？

理论学习

知识点②　大学生创业项目的落地实施

大学生创业项目的落地实施并不是一件容易的事情，需要多方面的条件和因素的支持与配合。从实际情况来看，创业项目能够成功落地，需要着重从以下几个方面进行考虑：

1. 创业项目的评估

创业项目的评估是创业过程中非常重要的一环，通过对项目的评估，可以确定项目的可行性、风险和预期收益等关键因素，为决策提供依据。创业项目评估可以从以下方面考虑：

（1）市场分析：了解市场需求、竞争情况、行业趋势等，以判断该项目是否有市场前景和竞争优势。

（2）商业模式：评估该项目的商业模式是否具有可行性和可持续性，能否在市场上实现盈利。

（3）产品或服务定位：分析产品或服务的市场需求、特点、价格、渠道等方面，确定产品或服务的定位和差异化竞争优势。

（4）财务评估：对项目的财务状况进行评估，包括资金需求、预期收入、成本和利润等，以判断该项目是否具有财务可行性和投资价值。

（5）风险评估：识别和评估项目可能面临的各种风险，包括市场风险、技术风险、资金风险、人才风险等，以制定相应的应对策略。

（6）团队评估：评估创业团队的实力和能力，包括团队成员的背景、技能、经验和合作能力等，以确定团队是否具备创业成功所需的关键要素。

2. 创业项目的实施

创业项目的实施是创业过程中最重要的一个阶段，它涉及将创业理念转化为实际的产品或服务，并实现商业运营。创业项目顺利落地实施要在以下方面进行检视：

（1）团队组建：创建一个具有共同愿景和目标的团队，团队成员具有互补能力和技能，能够共同应对创业过程中的各种挑战。

（2）资金筹集：通过融资、众筹、贷款等方式，为创业项目的实施筹集所需的资金，确保项目有足够的资金支持。

（3）运营策略：制定有效的运营策略，包括产品或服务的研发、市场推广、销售渠道、客户服务等，确保产品或服务能够在市场上取得竞争优势。

（4）营销策略：设计有效的营销策略，包括品牌宣传、市场推广、价格策略等，以吸引目标客户并提高市场占有率。

（5）供应链管理：建立稳定的供应链，确保产品或服务的生产、销售和配送等环节能够有效运作，降低成本和提高效率。

（6）法律事务：处理与创业项目相关的法律事务，包括公司注册、知识产权保护、合同签订等，确保项目合法合规。

创业者还需要具备灵活应对市场变化和挑战的能力，不断优化和调整运营策略，以保障项目的可持续发展。

3. 创业项目的风险管理

创业项目的风险管理是创业过程中非常重要的一环，它涉及识别和应对创业项目面临的各种风险和挑战，为创业项目的成功提供保障。

（1）市场风险：识别和评估市场风险，包括市场需求不稳定、竞争激烈、市场变化等，制定相应的应对策略，如调整产品或服务定位、调整市场推广策略等。

（2）技术风险：识别和评估技术风险，包括技术研发的不确定性、技术实现的难度等，加强技术研发和团队建设，减少技术性的问题出现。

（3）资金风险：评估资金风险，包括资金不足、融资困难等，制定资金筹措计划和预算，合理控制成本，避免资金链断裂。

（4）人才风险：识别和评估人才风险，包括人才流失、人才能力不足等，建立稳定的人才队伍，提高员工满意度和忠诚度。

（5）法律风险：评估法律风险，包括知识产权保护、合同纠纷等，确保项目合法合规，避免法律风险对项目的负面影响。

通过有效的风险管理，可以降低创业项目面临的风险和挑战，提高项目的成功率。同时，创业者需要保持敏锐的市场洞察力和灵活性，及时调整策略和应对风险。

4. 创业项目的可持续发展

创业项目的可持续发展是指在创业过程中，通过创新、优化和适应市场变化，实现项目的长期发展和持续盈利。创业项目可持续发展可从以下的几个方面考虑：

（1）创新能力的提升：不断进行技术创新、产品创新或服务创新，以满足市场需求和顾客需求，提高项目的竞争力和市场份额。

（2）商业模式的优化：不断优化和完善商业模式，提高项目的盈利能力和经济效益，实现项目的长期发展。

（3）人才队伍的建设：建立稳定的人才队伍，提高员工满意度和忠诚度，为项目的长期发展提供稳定的人才保障。

（4）社会责任的履行：履行社会责任，关注环保、公益等方面，提高项目社会声誉和形象，为项目的可持续发展创造良好的社会环境。

（5）适应市场变化的能力：及时调整策略和应对市场变化，提高项目的适应能力和应变能力，确保项目的长期发展。

工作手册

任务名称	分析你的项目如何孵化成功
团队成员	
任务实施关键点	

序号	实施步骤	实施策略
1	小组评估创业项目	
2	小组对创业项目进行实施规划	
3	小组分析项目的风险	
4	各成员进行展示	

工作小结

随堂练习

1. 大学生创业项目的评估要素包括哪些？

2. 大学生创业项目的实施要素包括哪些？

3. 大学生创业项目的风险管理要素包括哪些？

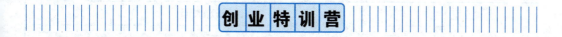

针对你的竞争对手作出优势分析,填写表 12-1。

表 12-1 优势分析

项目	我的产品或服务	竞品 A 的产品或服务	竞品 B 的产品或服务
价格合理性			
质量可靠性			
购买方便性			
顾客满意度			
员工技术水平			
企业知名度			
品牌信誉度			
广告有效性			
交货及时性			
地理位置优越性			
销售策略			
售后服务			
销售量			

根据讨论的情况，填写会议纪要。

会议主题		会议时间	
参会人		主持人	
会议内容：			
会议结论：			
签名：			

拓展知识梳理

1. 创业孵化器的作用与选择

孵化器为创业者提供关键的起始支持，包括办公空间、网络资源、指导服务和资金渠道。选择孵化器时，应考虑其行业专长、孵化成功率、提供的网络资源和后续支持服务。优秀的孵化器能够为创业项目提供定制化服务，帮助企业快速成长并连接行业资源。

2. 创业项目的风险评估与管理

风险管理是创业过程中的关键环节。通过 SWOT 分析等工具，识别项目可能面临的市场风险、财务风险、技术风险等。制定全面的风险管理计划，包括风险预防、监控、应对策略和缓解措施，以确保项目的稳健发展。

3. 创业团队的构建与发展

一个高效能的创业团队是项目成功的重要保障。团队构建应注重成员的技能多样性和角色互补，确保覆盖技术、市场、运营等关键领域。通过定期的团队建设活动、角色明确分工和绩效评估，促进团队协作和个人成长。

4. 创业项目的法律与伦理考量

合法合规是创业的基石。创业者需要了解公司法、合同法、税法和劳动法等相关法律法规，确保企业行为的合法性。同时，强化企业伦理，确保企业决策和行为的道德标准，承担社会责任。

5. 创业资金的筹集与财务管理

资金是创业的血液。筹集资金包括天使投资、众筹、政府补助和银行贷款在内的多元化融资渠道。建立严格的财务管理体系，包括预算编制、成本控制和财务报告，确保资金的合理分配和有效使用。

6. 市场研究与客户洞察

深入的市场研究帮助创业者洞察客户需求和市场趋势。运用问卷调查、焦点小组和市场分析报告等工具，收集和分析客户数据。建立客户关系管理系统，优化客户体验和提高客户忠诚度。

7. 创业项目的营销与品牌建设

品牌建设和营销策略对于创业项目的成功至关重要。制定清晰的品牌定位和传播策略，运用数字营销工具，如 SEO、社交媒体和内容营销，提高品牌知名度和市场影响力。

8. 技术趋势与创新应用

技术是推动创业项目发展的重要力量。跟踪新兴技术趋势，如人工智能、区块链和物联网，探索其在项目中的创新应用。建立研发团队，鼓励创新思维，不断改进产品和服务。

9. 创业教育与终身学习

创业教育为创业者提供必要的知识和技能，终身学习则是适应不断变化市场的关键。参与创业培训、在线课程和研讨会，不断提升创业能力和商业敏感度。

10. 政策环境与创业生态

了解国家和地方的创业政策，利用税收优惠、创业补贴和融资支持。加入创业网络和协会，与同行交流经验，共同构建健康的创业生态。

11. 商业模式创新与可持续性

探索创新的商业模式，如共享经济、订阅服务，确保项目的可行性和盈利性。强调可持续性，平衡经济、社会和环境目标，确保企业的长期发展。

12. 国际化视野与跨文化交流

拓展国际视野，考虑全球市场机会，了解不同国家和地区的商业环境和文化差异。培养跨文化沟通能力，建立多元文化的团队，促进国际合作。

微课

酒香不怕巷子深吗

微课

典型促销方法——校园地推怎样做

情景剧

赚到第一桶金该如何做

问题与实操

练习 进行创业项目路演

项目路演在大学生创业项目落地中扮演着至关重要的角色,它直接影响到项目能否吸引投资者、合作伙伴以及用户的关注和信任。因此,项目路演是大学生创业项目落地中的重要环节。

请按照如下要求进行小组项目的路演。

（1）对创业项目进行路演。

（2）邀请其他小组成员对路演进行评论和评分,填写表12-2。（评分请侧重以下几个方面,评级采用5分制:1=很差;2=差;3=中等;4=好;5=很好。）

表 12-2 路演的评论和评分

路演评估	自我评估 评级（1~5分）	同学或老师的评估意见 评级（1~5分）
1. 路演能够吸引投资	(　　)	(　　)
2. 路演内容质量能够经受市场验证	(　　)	(　　)
3. 路演展现了团队表现	(　　)	(　　)
4. 路演具有优秀的演讲技巧	(　　)	(　　)
5. 路演具有创新性	(　　)	(　　)
6. 路演验证了项目可行性	(　　)	(　　)

（3）得出每个方面的平均分。那些得分低（3分或更低）的部分,就是你应该致力改进的环节。

（4）准备一份改进后的摘要,并让不同的一群人给它评分。

（5）持续进行这个过程,直到所有方面的评分都达到4分或5分。

考核与评价

姓名		班级		得分
自我评价（30分）	自我反思（总结本次任务的完成情况，掌握了哪些知识和技能，锻炼了哪些能力，收获了什么，自己的不足之处以及怎么提升等）			
同学评价（30分）	团队互评（主要指在团队中的表现情况）			
教师评价（40分）				
总分（100分）				

参 考 文 献

[1] 人社部职称建设司等组织编写．创办你的企业［M］．北京：中国劳动社会保障出版社，2017．

[2] 钟宇等．创新创业实践能力训练［M］．镇江：江苏大学出版社，2016．

[3] 孟德娜．大学生创新创业基础教程［M］．上海：上海交通大学出版社，2021．

[4] 马振峰．创造未来——大学生创新创业教程［M］．上海：同济大学出版社，2017．

[5] 徐俊祥．大学生创业基础知能训练教程［M］．北京：现代教育出版社，2014．

[6] 张福建．大学生创业基础教程［M］．北京：现代教育出版社，2013．

[7] 石丹林，谌虹．大学生创业理论与实务［M］．北京：清华大学出版社，2012．

[8] 何雪利．从零到卓越——创新与创业导论［M］．上海：上海交通大学出版社，2019．

[9] 刘霞．大学生创新创业基础与实践［M］．北京：人民邮电出版社，2021．

[10] 朱文章．新工科人才创新创业能力培养：大学生双创实务［M］．厦门：厦门大学出版社，2018．

[11] 王冀宁，陈红喜．大学生创新创业教育案例集萃和实践指南［M］．北京：科学出版社，2020．

[12] 姜海荣，刘安琴．大学生创新创业教育教程［M］．北京：中国纺织出版社有限公司，2022．

[13] 卢汉明．创新创业教程［M］．北京：高等教育出版社，2019．

[14] 刘华强，仇志海．创新创业教育实践［M］．北京：高等教育出版社，2019．

[15] 商红宇．大学生创新创业教程［M］．徐州：中国矿业大学出版社，2019．

[16] 汤锐华．创新创业教育［M］．北京：机械工业出版社，2020．

[17] 吴教育，曾红武．高职高专创新创业实用教程［M］．北京：清华大学出版社，2020．

[18] 师建华，黄萧萧．创新思维开发与训练［M］．北京：清华大学出版社，2020．